圖象台灣

多元文化視野下的台灣

邱琳婷 ｜ 著

藝術家

目錄

自序

　　這本書所收錄的文章主要分為兩個部份,第一部份為「圖象台灣」,這些文章分別於2006年10月至2007年9月連載於《藝術家》雜誌。第二部份為「多元文化視野的融合」,這些文章,則為我近年來陸續參與北京雙年展、日本長崎大學、美國普林斯頓大學、德國海德堡大學等地研討會時,所關注及思索的課題。在面對不同文化背景的研究氛圍裡,我不禁好奇,主體性的建構與不同文化之間的互動,如何影響我們看待及解釋過往的歷史?因為,歷史的時空背景雖然已經成為過去式,但是,人們的歷史記憶卻能以現在進行式,甚至是未來式,繼續延伸過往歷史的作用力。

　　選擇相關的圖像,探討台灣歷史的發展,即是希望正視不同文化與台灣之間的互動,如何在不同的時期與層面,對於台灣主體性的建構產生影響。例如,從出土的耳飾等器物,可以推測史前時期台灣的工藝樣貌,甚至藉由其他佐證探尋台灣與南島語系的關係。十七、八世紀的「地圖」,則直接提供我們觀察台灣在不同統治者眼中的地位與價值。此外,對於台灣住民、風景的描繪,也令我們從不同的觀看角度,思考台灣「人」與「物」的歷史內涵。再者,若從「空間」言之,如公共空間的博覽會、美術展覽會,或者是私領域的創作空間畫室等,亦是觀察塑造台灣與畫家理想形象的最佳切入點。另外,對於二十世紀如「傳統」、「現代」及「本土」等重要課題,本文也嘗試從社會背景與畫家身份兩者之間的關連討論之。從以上的分析可知,多元文化視野的交融,應可視為是台灣文化的重要特徵。

　　於是,本文的第二部份即以此為題,進一步將文化交融的過程與方向,分為「從中國到日本」、「從日本到中國」及「從西方到東方」等三個面向論述之。其中,「從中國到日本」一文,主要以清代至日治時期台灣水墨畫的發展為例,探討水墨畫風在不同時期的發展面貌,及「文人畫」在向外擴散的過程之中,意義與形式的轉換。「從日本到中國」一文,則是著眼於二十世紀中葉的冷戰時期,台灣畫壇「文化中國」語境的探析,藉此觀察繪畫與政治之間的互惠關係。最後,「從西方到東方」一文,則試圖從二十世紀中葉台灣的雕塑作品中,觀察西方媒材與東方哲思之間的碰撞與交集。透過以上的討論,筆者以為,台灣文化的主體性,也就在此種與不同文化的互動與交融之中,逐漸清晰地建立起自我的面貌。

　　最後,我要特別感謝《藝術家》雜誌的何政廣先生,由於他的慷慨支持,此書才得以面世。另外,我也要感謝外子啟屏與小兒泓均,陪伴我走過這一段探索自我認同與文化交融的過程。

邱琳婷

2010年7月於台北

1

圖象台灣

史前的出土文物：耳飾

一、台灣耳飾的出土

　　史前居住在台灣島上的人，究竟是如何生活？他們是否也留下些創作痕跡，讓我們得以了解其生活的面貌？再者，他們與其他地區史前人類之間是否有互動呢？要找出上述問題的解答，由於所探觸的時代，是沒有文字記錄的史前時期，因此，我們無法冀望透過我們所熟悉的文字，勾勒出一幅面目清晰的史前生活情景。儘管如此，我們仍有機會嘗試著模擬出其可能的生活景象。當然，其中的關鍵在於適當地掌握考古出土的文物；因為，這些出土的文物，即是提供我們還原歷史現場的重要線索。

　　台灣史前時代出土或採集的文物有各類的石器，與作為容器的陶器。其中，值得我們注意的是在幾個史前遺址，如北部芝山巖、圓山，中部曲冰及台東的卑南、紅頭嶼（蘭嶼）等地，皆發現一類製作精巧且造形獨特的玉飾，由於這類玉飾出土的位置，有些靠近人體頭部的附近；再者，這類玉飾的形制多有一處缺口，故被推測為耳飾。

二、出土耳飾的類型

　　相較於台灣其他地區出土的耳飾，卑南耳飾不僅數量可觀，而且此地出土耳飾的類型也最為豐富。其形制有長方形、環形、四突角形、人獸形等。在諸多類型的耳飾之中，人獸形耳飾，是提及台灣史

卑南出土特殊人獸形耳飾

左圖
卑南出土四突起形耳飾

右頁圖
台北芝山巖出土似船載
人的玉器殘件
（重繪：吳有慧）

前文化時，大家皆耳熟能詳的代表物。此類型耳飾發現的地方，有北
部的芝山巖及東半部的卑南遺址等處。至於其中位於人首頂端的獸類
為何？有一說是極為珍貴的雲豹，且認為只有當時的貴族，才有資格
擁有此種類型的耳飾。

　　再者，另有一種形制特殊的耳飾，也值得我們注意，即是帶有四
個或多個突起的耳飾。此種類型的耳飾，除了在北部的圓山及芝山巖
遺址有零星的發現之外，中部的曲冰、東半部的卑南、都蘭，以及離
島的蘭嶼、油子湖等地，皆可見到其蹤跡。日本考古學者鹿野忠雄在
半世紀前，整理台灣各地出土的耳飾時，便已注意到此類耳飾；且也
提及了此類「有角塊狀石輪」在東南亞的流散現象。

　　從上述幾種耳飾類型的分析中，我們不禁好奇想知道，它們的分
布，是否提供了我們一些掌握史前人類行蹤的線索？這些製作精美的
耳飾，是透過何種方式分布在台灣島嶼的各處？再者，若結合台灣鄰
近地區的史前遺址之發掘，是否可以幫助我們理解，台灣與南島民族
的關係究竟為何？

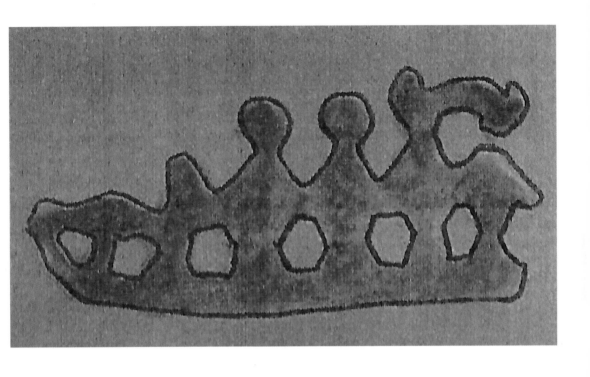

三、台灣與南島民族的關係

有關南島民族的探討，已引起學術單位的重視。如國科會即在2005
年成立了「南島民族的分類與擴散：人類學、考古學、遺傳學、語言
學的整合研究」之跨領域研究計畫。不論是藉由粒腺體DNA及Y染色體
的血液分析，透過台灣原住民的族群往前追溯的遺傳學研究；或者是
參考語言學的證據，如採集留存的語音現象等，皆是研究此課題的重
要線索。

在不同學科的整合研究之中，台灣做為南島民族原鄉的面貌，也
逐漸清晰起來。而航海技術及相關的知識，也使得南島民族的人類，
得以在東至復活島，西至馬達加斯加，南至紐西蘭，北至台灣的區域
之中遷徙。因此，有些學者認為船隻的航行，也可能成為居住在不同
地區的台灣史前人類交流的重要途徑。而一件芝山巖出土似船載人的
玉器殘件，或可為此說提出佐證。

新石器時期台灣出土之人獸形耳飾分佈（重繪製圖：邱琳婷）　　　　　　新石器時期台灣出土之四突起形耳飾分佈（重繪製圖：邱琳婷）

　　除了這些間接的證據及相關的推論之外，我們更希望能從直接的考古出土證物中得到解答。而上述所討論的耳飾，不僅有較為確切的出土位置，其形制及風格，也成為我們聯繫不同地區文化現象的參考依據。因此，考古學者嘗試，從南島民族分布區域的出土文物，掌握各區域之間的擴散關係。在此情形之下，耳飾即成為一個直接且重要的證據，幫助我們了解史前文化交流的面貌。因此，透過不同區域、各個時期耳飾及其相關物件的排比分折，或許可以讓我們直接從出土遺物的類型及其設計概念中，較有把握地從文化層面，了解史前人類足跡的擴散與交流及台灣與南島民族的關係。

17世紀的東亞轉運站：
台灣的地圖與貿易

一、17世紀地圖中的台灣

16世紀中葉，葡萄牙人在一次航行的途中，驚見林木蔥鬱的海中小島，即以「福爾摩沙」（意即「美麗之島」）呼之，自此後，台灣即以「福爾摩沙」（I.Fermosa）之名，進入歐洲人所繪製的地圖之中。

1570年Abraham Ortelius所繪東印度圖，《南方渡海古文獻圖錄》（國立中央圖書館臺灣分館藏）

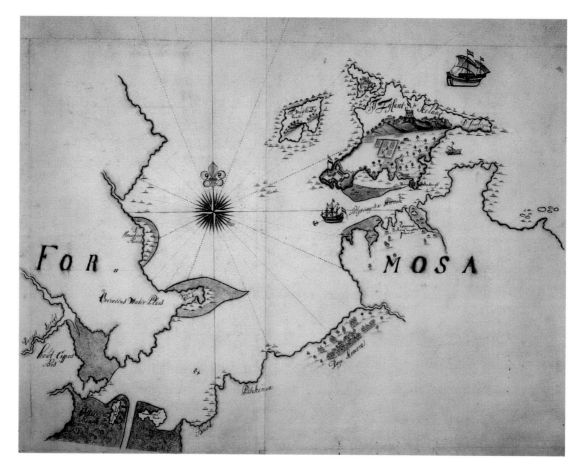

早期地圖中的台灣，其位置在
日本南端，與一列自北而南的小島
並排著。地圖中的台灣，尚未具有
正確且清晰的島嶼輪廓，此種描繪
的方式所呈現出的台灣，主要的用
意乃在說明台灣與臨近島嶼的相對
位置，故還未突顯出台灣特殊且關
鍵的地理位置，而僅是說明了葡萄
牙商船航經此處的路線。

　　直到17世紀上半葉，荷蘭東印
度公司從澎湖遷至台灣，即於1625
年以船行的方式環繞台灣，實際地
測繪海岸，遂完成了由雅各・諾得

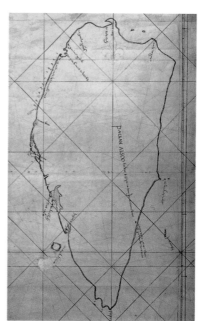

上圖
約1667年Cornelis
Vischbee所繪雞籠
圖，荷蘭海牙國家檔
案館藏

左圖
1625年Jacob
Noordeloos所繪台灣
島圖，荷蘭海牙國家
檔案館藏

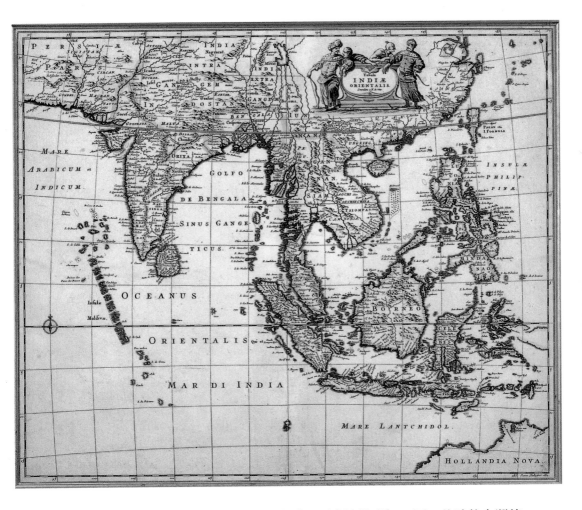

洛斯（Jacob Noordeloos）所繪的《福爾摩沙輪廓》一圖，此時的台灣終於有了較為正確的輪廓與面貌。荷蘭人在台時期，其活動的範圍，雖仍以西部為主，但由於數次赴東部企圖採金，因此對台灣東部亦頗了解並欲掌控之。因此，在地圖的表現上，並不同於1735年，清帝國委託耶穌會教士杜赫德（Jean Baptiste du Halde）所繪的《福建省圖》中，台灣的部分只繪出中央山脈以西的範圍。

從以上幾張不同時期，出自不同政權之手的台灣地圖可知，16世紀葡萄牙人所認識的台灣，乃是其於中國與日本之間，航行必經的眾多島嶼之一；17世紀荷蘭人眼中的台灣，不僅具有較為清楚且正確的面貌，從一幅佛烈得勒克（Frederick de Wit）所繪製的《東印度地圖》可知，台灣的地理位置對於荷蘭東印度公司在東亞的貿易，重要性乃在於做為貨物轉運站的關鍵角色。

濱田彌兵衛蘭館討入
之圖《南方渡海古文
獻圖錄》（國立中央
圖書館臺灣分館藏）

　　另外，一位自稱是「改奉基督教的福爾摩沙人」喬治・撒瑪納札
（George Psalmanaazaar，其真實身分可能是法國人），依據當時的傳教
士及商人等人關於台灣的聽聞，杜撰了一本名為《福爾摩沙變形記》
的書，此書對於台灣的風土民情及制度習俗皆有著墨，甚至還有詳細
的圖版說明。雖然其內容完全是作者自己的想像，缺乏客觀的佐證，
然而，從此書幾經再版甚至被翻譯為多種語言的情況思之，不難理解
其在17、18世紀之交所深具的影響力。而此杜撰之書之所以得以流行於
當時歐洲的上流社會，也可間接看出台灣在當時的歐洲所受到的重視
程度。

二、東亞貿易的轉運站

　　2003年，國立故宮博物院所舉辦的「福爾摩沙特展」，即是將台灣

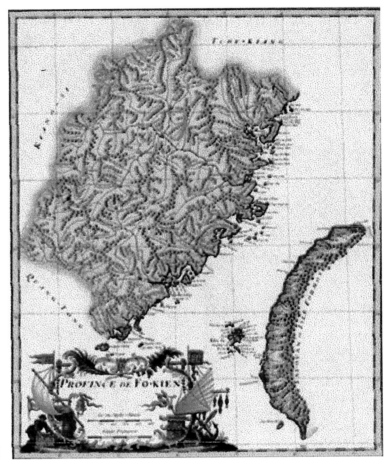

與荷蘭的關係，置於歐亞貿易的概念中理解。台灣做為東亞貿易轉運
站的重要性，可從發生在1628年的「濱田彌兵衛事件」看出端倪，此事
件乃因當時統治台灣的荷蘭人不滿日本人在台灣與中國人進行交易，
進而威脅了荷蘭東印度公司的利益，於是當時佔領台灣的荷人遂向日
本商人課以重稅，而當時的日本幕府也採取反制行動，禁止荷人在平
戶的商業行為。

　　根據當時東印度公司所留下關於台灣的紀錄《熱蘭遮城日誌》，
我們可以看到17世紀進出台灣的貨物，種類十分多樣。例如1646年6
月27日的記載中，有九艘戎克船從台灣航往中國沿海，載去的貨物有
五十七籃蠔、四十六籃鹿肉、卅五籃鹹魚和乾魚、六十八捆鯊魚和

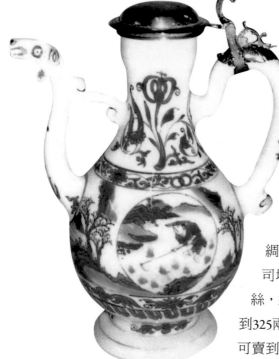

七十六捆簍。而另一則紀錄的內容則是從中國廈門運至台灣的物品，其中有兩千六百擔砂糖、一百箱金絲、卅擔茶、廿籃絲質布料，以及兩百枝華蓋。

從台灣運至日本及其他地方的物品，除了台灣本地的梅花鹿皮之外，轉運自中國的絲綢、瓷器等物，也為荷蘭東印度公司增加了許多的獲利。例如黃色的絲，進價為一擔135兩（銀），卻可賣到325兩；而一擔進價為125和120兩，也可賣到288兩；至於一擔115、110、105兩進價的，則賣到240兩。

荷蘭東印度公司最初雖然也是與其他歐洲商人一樣，為了追尋胡椒、丁香、肉桂等香料而來，但由於荷蘭人擅於利用轉運獲利的手法，使得其在短短數十年之間，收入甚豐。例如荷蘭人以中國的黃金換取印度的棉布，再以印度的棉布與東南亞地區交換香料，或以中國的絲織品與黃金換取日本的白銀等。

除了上述的物品之外，另一個從台灣轉運出口的大宗貨物則是瓷器。有記載顯示，歐洲人曾委請專人在台灣先製造木製的瓷器樣本，再送至中國景德鎮燒製。根據統計，17世紀從台灣轉運至歐洲的中國瓷器，其數量多至百萬件乃至千萬件以上，而在《熱蘭遮城日誌》之中，也經常可見中國的瓷器一捆捆地被運至台灣再轉銷至其他各地。

透過17世紀地圖中所繪製的台灣，我們觀察到的，一方面是地理空間中，台灣所在的相對位置；另一方面，在歷史時間中，台灣由於其特殊的位置，在航海時代所具有的貿易轉運功能，亦具有不容忽視的關鍵定位。

清季台灣住民的形象

一、文獻中的描述

下圖
淡水右武乃等社生番，傅恆，《皇清職貢圖》

明朝末年，福建文人陳第（1541-1617）隨著討伐流寇的沈有容將軍，經澎湖來到台灣，並於隔年（1603年），將其在台的見聞寫成〈東番記〉一文，與其他人的詩文合刊於《閩海贈言》，以歌頌沈有容將軍海外剿寇的事蹟。於是這篇僅千餘字的〈東番記〉，遂成為學者眼中「最古老的台灣實地考察報告」。的確，從〈東番記〉中，舉凡當時台灣住民的社會組織、婚喪儀式、耕食作物等皆有著墨。其中，令

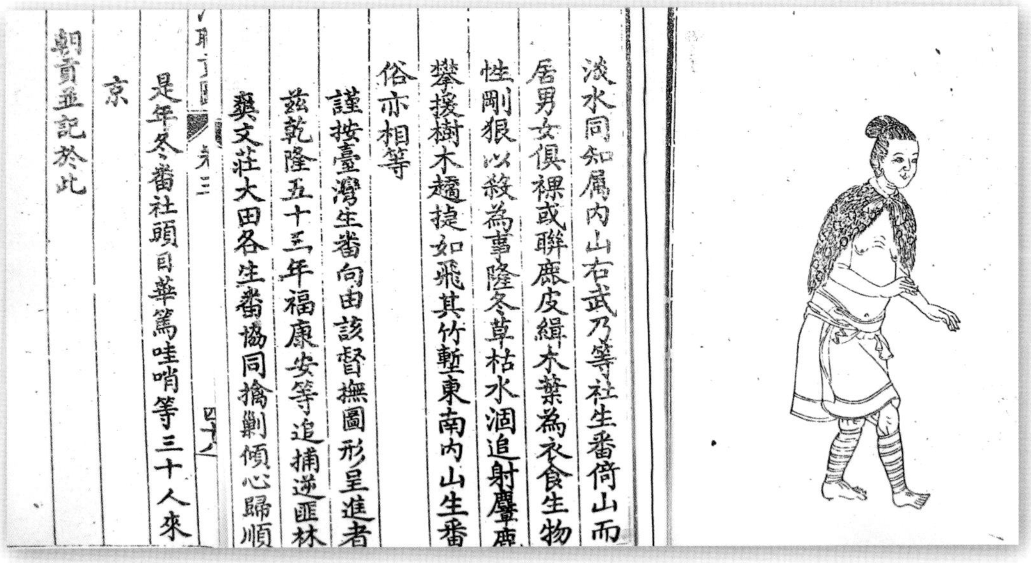
淡水同知屬內山右武乃等社生番倚山而居男女俱裸或聯鹿皮緝木葉為衣食生物性剛狠以殺為事隆冬草枯水涸追射麞鹿攀援樹木趫捷如飛其竹塹東南內山生番俗亦相等

謹按臺灣生番向由該督撫圖形呈進者茲乾隆五十三年福康安等追捕逆匪林爽文莊大田各生番協同擒剿傾心歸順是年冬番社頭目華篤哇哨等三十人來京朝貢並記於此

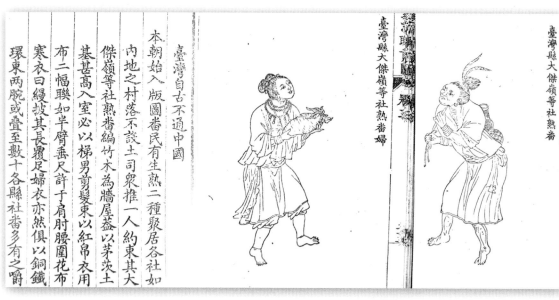

臺灣縣大傑嶺等社熟番

臺灣縣大傑嶺等社熟番婦

臺灣自古不通中國

本朝始入版圖番民有生熟二種聚居各社如

內地之村落不諳土司眾推一人約束其大

傑嶺等社熟番編竹木為牆屋蓋以茅茨土

基甚高入室必以梯男剪髮束以紅帛衣用

布二幅聯如半臂善尺許于肩肘腰圍花布

寒衣曰縵披其長覆足婦衣亦然俱以銅鐵

環束兩腕或疊至數十各縣社番多有之嚼

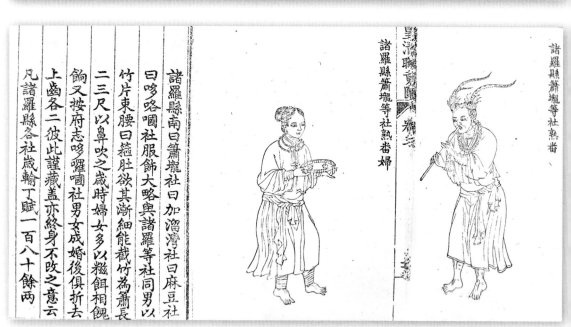

諸羅縣蕭壠等社熟番

諸羅縣蕭壠等社熟番婦

諸羅縣南曰蕭壠社曰加溜灣社

曰哆囉嘓社服飾大略與諸羅等社同男以

竹片束腰曰箍肚欲其漸細能截竹為蕭長

二三尺以鼻吹之歲時婦女多以糍餌相餽

餉又搜府志哆囉嘓社男女成婚後俱折去

上齒各二彼此謹藏蓋亦終身不改之意云

凡諸羅縣各社歲輸丁賦一百八十餘兩

陳第印象深刻的是一種「剖鹿腸中新咽草將糞未糞者，名為百草膏」的飲食方式，陳第認為華人若見此種食物，或會作嘔；然此地住民若見華人食雞雉，亦復如此。此種客觀對等的態度，於陳第文中隨處可見。

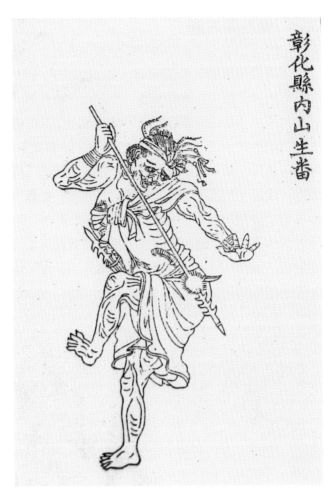

彰化縣內山生番

另一位來自福州的文人郁永和（1645年生），則因採硫磺之故於1697年左右來到台灣。不同於陳第的足跡僅限於西南部，郁永和曾乘坐牛車越過大甲溪北上來到淡水。在其所留下紀錄台灣的《裨海紀遊》中，可見到對於「康熙台北湖」的記載。當然，他也將途中所見到的不同社民之特徵，作了些許的比較，如在大武社所見番人「文身者愈多，耳輪漸大如碗」，而到了諸羅社，「所見番婦多白皙妍好者」。

除了中國文人所留下的文字記載之外，清朝的官方文獻中，也可見到當時台灣住民的形象。如傅恆《皇清職貢圖》及謝遂《職貢圖》中，皆有生動詳實的描寫；例如，諸羅縣簫壠等社的熟番，以鼻吹簫、以竹片箍腹等的刻畫。但是，值得注意的是，畫中人物的衣著打扮，卻也融入了更多清人的想像，而非寫實的描繪。然而，從清人《職貢圖》對於台灣各社住民「歲輸丁賦」多寡的註記，或可提供我們對於當時各社經濟景況的掌握。至於當時台灣住民的真實樣貌為何，尚須從《番社采風圖》中一探究竟。

二、　番社采風圖

　　《番社采風圖》乃乾隆時，巡台御史六十七命畫工所繪製而成的。有別於傳恆《皇清職貢圖》及謝遂《職貢圖》中所看到台灣原住民的形象，《番社采風圖》以更貼近實際生活的場景，詳實地呈現了當時居民食、衣、住、行等各方面的生活圖象。其中包括了捕魚、捕鹿、猱採、種芋、耕種、刈禾、舂米、糖廍、織布、乘屋、渡溪、遊車、迎婦、布床、守隘、瞭望、社師等。當然，透過這些圖像的紀錄，我們清楚地掌握了當時台灣居民謀生的工具與方式，如在〈捕魚〉一作中，即以圖說的形式，讓我們看到了「以筍捕魚」及「以弓箭射魚」兩種平埔族人採集水產的情景；又如〈捕鹿〉一作中，出現獵犬協助捕鹿的畫面；〈乘屋〉一作中，所描繪當時將地基奠高、並以竹為牆茅草為屋頂的住屋特徵；〈布床〉中，忠實地呈現了高山族住民，工作時將幼童安置於樹枝間的懸空床之習俗；再如〈遊車〉一作中，所描繪車輪為實木拼接而成的「笨車」等。

左圖
彰化縣大肚等社住民
謝遂《職貢圖》
國立故宮博物院藏

右頁上左圖
《番社采風圖》〈乘屋〉
中央研究院歷史語言研究所藏

右頁上右圖
《番社采風圖》〈遊車〉
中央研究院歷史語言研究所藏

右頁下左圖
《番社采風圖》〈渡河〉
中央研究院歷史語言研究所藏

右頁下右圖
《番社采風圖》〈糖廍〉
中央研究院歷史語言研究所藏

跨頁二圖
《乾隆元年單德謨奉
命巡視台灣圖卷》，
局部，繪於乾隆二年
（1737），天津藝
術博物館藏

　　除了以「圖說」的角度來理解《番社采風圖》之外，若我們能細心地從圖像中，對於不同人物服飾的刻畫及其所從事的工作來分析，或許此圖冊除了表象的圖說功能之外，尚透露了深層的社會階層分工之寓意。如《景印解說番社采風圖》已觀察到，〈渡溪〉一作中，即可清楚地看到對於三種不同裝扮及身份的人物之描繪。此作中，赤裸上身、耳戴圈環且於水中荷物者，乃是當時平埔族人之形象。坐於竹筏之上，頭戴官帽，吸著長桿煙斗者可能是土官；而坐於其旁，同樣穿著衣靴者，則為通事。另一幅〈糖廍〉一作，所展現的乃是複雜製糖工業之實況。不同於〈渡溪〉一作，尚可見到平埔族人的身影，〈糖廍〉一作中，清一色出現的人物，皆為薙髮梳辮、頭戴烏青巾、著褲、蓄鬍等有著漢人特徵的男子。因此可知，當時台灣的精緻工業，或許仍為漢人所掌握。

　　此外，筆者也發現《番社采風圖》與另一件乾隆初年所繪的《單德謨奉命巡視台灣圖卷》，有著十分相似的場景。根據此圖卷首所述可知，單德謨於乾隆元年冬奉命來台巡視，由於當時的台灣「洋兵番民雜處」，因此許多清朝的官員視來台為畏途。單德謨也提到自己的巡台之旅，因為充滿著「驚濤之險」與「獷鷙蠢動之虞」，以致令其

母相當掛念。於是單德謨在來台後隔年（乾隆二年，1737）即命畫師寫此「太平之景象」，並寄回給其母，一方面盼其母安心，另一方面也可藉此宣揚皇威。若比對《單德謨奉命巡視台灣圖卷》與《番社采風圖》兩作可以看到，兩作中對於笨車、屋舍、台灣住民，甚至日常活動如織布、舂米等的描繪，皆若合符節，彷彿是出自同一個畫師之手。

三、 英國攝影師鏡頭下的台灣

　　十九世紀一位來自英國的攝影師John Thomson（1837-1921），曾在1871年來到台灣旅行，並以當時十分先進的柯羅版技術，留下他所拍攝的影像。他可能是第一位踏足中國、台灣等地的「攝影報導家」，這是台灣歷史上第一次，台灣居民以真實且客觀的形象，出現在我們的面前。John Thomson當時曾走過台灣南部台南到高雄一帶，他的鏡頭，紀錄了當時居住在六龜附近的平埔族人的形象及住屋的樣貌。如一張拍攝於六龜里的照片，我們可以透過鏡頭真實的紀錄，看到了當時住民群聚於茅草為頂、竹土為牆的住屋前，或坐或站、不論老少的手持竹煙斗的景象。

右圖

十九世紀台灣平埔族
人及其居所，John
Thomson拍攝，1871
年 （本作玻璃底片
原件藏於Wellcome
Library, London. 數位
相片為Michael Gray
翻攝，圖像來源：魏
延年、施蘭芳編，
《從地面到天空—台
灣在飛躍之中》，信
鴿書局出版2006）

　　本文試圖藉由中國文人的遊記、清朝官方的文獻及英國攝影師的
鏡頭，分別從文字、圖像及影像等不同的角度及層次，探究清季時居
住在這個島嶼上人民的形象。而透過以上的討論分析，我們也得以在
這些不同的呈現方式之中，窺見當時台灣住民的面貌。

台灣八景的觀看方式

一、《重修台灣府志》中的台灣府八景

　　由清朝的巡台御史六十七及范咸於乾隆十年（1745）重修，並於兩年後（1747）刊行的《重修台灣府志》，在其〈形勝篇〉台灣府項下，如此記載著：「處大海之中，坐東南、面西北，為江、浙、閩、粵四省之外界。緣高丘之阻以作屏，臨廣洋之險以面勢。澎湖為門戶，鹿耳為咽喉。七鯤身毗連環護，三茅港匯聚澄泓。誠天設之險，為海疆最要。」的確，在經過荷蘭與明鄭時期之後，清廷對於台灣的地理位置及重要性，也開始重視，而將台灣府視為海疆最要。然而，即使如此，在看待台灣景致時，仍不脫中國文人的觀景格套。

　　如此志中所言：「郡中八景，曰：東溟曉日、西嶼落霞、安平晚渡、沙鯤漁火、鹿耳春潮、雞籠積雪、澄臺觀海、斐亭聽濤。」其中的曉日、落霞、晚渡、漁火、春潮、積雪、觀海及聽濤等，皆與中國文人傳統八景的意象習習相關。而東溟、西嶼、安平、沙鯤、鹿耳、雞籠等六處，則為台灣的地理實景；至於澄臺與斐亭兩處，則是清人興建的休憩之地。

　　1747年刊行的《重修台灣府志》，首度將此八景以木刻版畫的形式，呈現在清代的方志之中。如「沙鯤漁火」一作，即描繪出七鯤身一帶漁船比鄰、漁火點點的景象，畫面右上方仍可見荷蘭人留下的城廓建築，而畫面的左上方則可看到弦月與北斗七星。又如「雞籠積

〈安平晚渡〉 （清）六十七、范咸纂修 《重修台灣府志》

〈沙鯤漁火〉 （清）六十七、范咸纂修 《重修台灣府志》

〈安平晚渡〉 （清）六十七、范咸纂修 《重修台灣府志》

〈鷄籠積雪〉 （清）六十七、范咸纂修 《重修台灣府志》

雪」一作，亦留下了見證台灣歷史的建築，即西班牙人於十七世紀所建的San Salvador（聖薩爾瓦多堡）。而有趣的是，此城堡的出現，雖有史實根據，但以積雪的場景表現雞籠，則又非實情而屬文人式想像。最後，「斐亭聽濤」的描繪，除了延續文人書齋的設計之外，尚可見到台灣本地出產的梅花鹿。由此可知，清代方志中的台灣八景，乃是融合了本地的歷史遺蹟、特產等物，與來自中國文人八景傳統格套的想像之作。

二、《台灣日日新報》中票選的八景

十九世紀末，志賀重昂在其《日本風景論》一書中，已將台灣納入日本的版圖中，並從地質學的角度分析台灣的地理特徵，甚至向日本的文人高士，推薦位於熱帶圈裡的台灣風光。他並抄錄了當時一位日本人古一念描寫台灣景致的作品，該文中不僅記述了台灣蔥蔥鬱鬱的植物相貌，也對耕夫荷鋤犁與牧童騎牛的鄉野之趣，多所稱頌。因此可知，此書對於台灣風景的觀看，已融合了客觀的地質觀察與主觀感性的文學情調。

上圖
〈斐亭聽濤〉
（清）六十七
范咸纂修
《重修台灣府志》

右頁左圖
〈基隆旭岡〉
吉田初三郎繪
1935

右頁右圖
〈淡水暮色〉
吉田初三郎繪
1935

　　1927年於第一屆「台灣美術展覽會」開辦的前夕，日本官報《台灣日日新報》透過傳媒的力量，展開台灣八景的票選活動。從當時報中所公佈的「台灣八景審查規定」可知，其審查的基準如下：一、足以代表台灣風景的特色，二、須具有相當的知名度，三、交通便利或者將來可發展相關設施之建設，四、當地的史跡及天然記念物應列入考量，五、應以全島地理的分布，考量八景的設置。其遴選結果如下：基隆旭岡、淡水、八仙山、日月潭、阿里山、壽山、鵝鑾鼻、太魯閣峽等。因此，我們可以清楚地知道，日治時期台灣八景的遴選，由於考量了交通建設及分布全島等因素，不難推測此時對於台灣八景的觀看重心，乃在於儘可能地平均開發全島並推展交通建設以利觀光。而從當時全島居民熱烈地參與投票的盛況（投票總票次達三億多票，就連人口不多的台東廳也投出十九萬以上的票次）可知，這次活動，可視為是台灣有史以來，最活絡的一次票選活動。而從八景各候選地的宣傳廣告中，許多旅館及商家積極的參與，也可看出此活動與實際民生問題的關係。

　　當然，在日本鼓勵畫家表現台灣地方色彩的訴求之下，不論台籍

或日籍畫家，也常常以新選出來的台灣八景作為描繪對象，而在歷屆的「台灣美術展覽會」的入選作品中，以台灣八景為題材的作品，也屢屢可見。

三、吉田初三郎筆下的台灣八景

1935年，《台灣日日新報》委請為「台灣始政四十周年博覽會」繪製台灣鳥瞰圖的日籍畫家吉田初三郎，繪製台灣八景繪葉書。1884年出生於京都的吉田初三郎（1884-1955），其日後丹青薄紫的色彩呈現，當與京都友禪染圖繪的傳統有關。而受到關西美術院鹿子木孟郎的啟發，吉田初三郎也開始嘗試廣告及商業美術的繪畫表現，其後並繪製了許多與觀光設施及目的有關的鳥瞰圖。如大正二年（1913）時，他曾為了日本的博覽會繪製了「京阪電車御案內」一作，其他作品尚有「富士身延鉄道沿線名所鳥瞰図」、「日本八景」等。

左圖
〈太魯閣靈泉〉
吉田初三郎繪
1935

右圖
〈基隆旭岡〉
吉田初三郎繪
1935

　　有關吉田初三郎所繪製的「台灣八景」明信片，其畫風可說是自
成一格，而與入選台展的八景作品，有所不同。如一幅以淡水為題的
作品，即以河岸邊屋舍窗內透出的昏黃燈光，及其映照在河中的閃爍
倒影，與夜空中的一彎弦月，共同演繹出淡水暮色的情調。而另一幅
以台灣最南端的鵝鑾鼻為描繪對象的作品，則清楚可見所謂「初三郎
式」的圖繪特徵，即以鳥瞰及接近360度的視野，表現出所在地周遭的
景致。例如，在這幅作品之中，我們除了看到鵝鑾鼻最顯著的地標燈
塔之外，吉田初三郎也將此處的海岸輪廓及綿延其後的中央山脈，乃
至環島的公路一併畫出。此種表現的方式，也反映了吉田作品與觀光
有關的一貫特色。再者，若將此作與吉田繪於昭和五年（1930），同樣
繪有燈塔的「日本八景室戶岬」一作比較可知，兩件作品的構圖，可
說是如出一轍。故可知，1935年的鵝鑾鼻一作，可能受到「日本八景室
戶岬」的構圖影響，而此種構圖，也可視為吉田初三郎此類具有觀光
性質的畫風之重要代表。

　　透過以上的討論，筆者希望能從清代中國文人方志中的台灣八
景、日治時期報刊所舉辦的票選八景及日籍觀光鳥瞰圖畫家的作品
中，分析有關台灣八景的觀看方式及其所蘊藏之文化意象，進而連繫
風景與文化、風景與時代之間的關係。

右頁上左圖
〈日月潭煙雨〉
吉田初三郎繪
1935
右頁上右圖
〈阿里山〉
吉田初三郎繪
1935
右頁下左圖
〈鵝鑾鼻黑潮〉
吉田初三郎繪
1935
右頁下右圖
〈新高山〉
吉田初三郎繪
1935

博覽會中的台灣意象

一、 1900年巴黎萬國博覽會中的喫茶店

　　自從英國在1851年舉辦第一屆萬國博覽會（又名水晶宮博覽會）起，即預告了博覽會與塑造國家形象的緊密關聯。例如1851年倫敦的水晶宮博覽會，即是英國向世人展示因工業革命而帶來的強盛國力。而1889年巴黎的萬國博覽會，也留下了日後成為法國地標的艾菲爾鐵塔。

　　回顧台灣參加萬國博覽會的歷史，最早可追溯至1900年的巴黎博覽會。日本在十九世紀後半葉的明治時期，積極地參與在歐洲舉辦的萬國博覽會，而台灣在成為日本殖民地之後，也於1900年首度以「喫茶店」的形態，出現在巴黎萬國博覽會的展場。《展示台灣》一書中提到，日本政府甚至撥款了二萬五千元，補助台北茶商公會與日本茶商共同設置「喫茶店」的建設費；並印製了一千五百部附有照片說明台灣茶特色的法文手冊，散發宣傳。此次展示的茶葉以烏龍茶為主、包種茶為輔。由此可知，日本政府除了透過博覽會向世人宣示其殖民政策的成效之外，同時也透過「喫茶店」的商業模式，推銷其殖民地的特產。而台灣也就在此種兼該政治與商業的運作模式之下，首度地在萬國博覽會的舞台上，被世人認識。

　　總之，1900年巴黎萬國博覽會中的台灣形象，可說是日本帝國向世界展現其亞洲殖民地的成果，而「喫茶店」在此屆萬國博覽會中的意義，也僅是為了突顯台灣乃日本母國重要經濟作物的「產地」。因

此，1900年的台灣意象，可說仍是附屬在日本覬覦此地資源的脈絡中來理解。

二、1903年大阪內國勸業博覽會中的台灣館

在一位清朝外交官夫人錢單士厘（1856-1943）的日記中，我們看到了脫離清朝統治，而成為日本殖民地的台灣之改變。《癸卯旅行記》是目前發現第一位中國女性的海外遊記，其中記載著，她參觀大阪第五回內國勸業博覽會中台灣館的心得：「凡台灣物產、工作皆列焉，觀其六、七年來工作與夫十年前之工作相較，其進步之速，令人驚訝不已。昔何拙，今何巧，夫事在人為耳。草蓆、樟腦、蔗糖、海鹽，尤今勝於昔。且新發明之有用物品，多為十年前人所未及知者。再越二、三十年，必為日本一大富源。」

錢單士厘所觀察到台灣物產的富裕，的確是此次博覽會特別陳

上圖
1903年日本第五回內
國勸業博覽會的台灣
館

設台灣館的重要目的之一，從文獻的記錄來看，當時的明治天皇及皇室，也在此購買了台灣的烏龍茶、鳳梨罐頭、大甲蓆、淡水帽及佛像等物品。再者，1903年的大阪內國勸業博覽會，除了第一次出現「台灣館」專門展示台灣的物產之外，我們也看到了當時由國語學校教諭大橋捨三郎所編的〈台灣年代一覽表〉。此年表的起始乃是從日本天正十九年，日本的商賈及海盜來到台灣，作為日本殖民之下台灣歷史的起點。其中對於荷蘭人、西班牙人、明鄭及清朝等人在台灣的事件多有著墨。

由此次博覽會與1900年巴黎博覽會相較可知，台灣在博覽會中的意象已逐漸清晰。因為，不同於1900年巴黎博覽會中僅以「喫茶店」的形象出現，1903年的大阪內國勸業博覽會，更進一步地以1604坪左右的面積，規畫台灣館內的陳列。其中，除了延續「喫茶店」的設計之外，更有「台灣料理店」及各類物品的陳列館。而每類物品的陳列，除了

明治三十六年明治印刷會社發行兒童博物縱覽人大阪府西區京町堀一丁目繪職業望多師

展示實物之外,更有一系列的照片,針對製作流程詳細地解說。故此次的博覽會,也使得我們得以從文化的層面,掌握當時台灣的面貌。另外,大阪內國勸業博覽會也可見到仿自昔日巴黎萬國博覽會從高空鳥瞰博覽會全景的場景,如位於博覽會全景圖左上方的天王寺,即因居高臨下的地勢成為最佳的觀景台。再者,美術館、水族館等展場的規劃,也可見於海報的設計之中。如一張以同心圓為概念的海報,第二圈圍繞著各種水中生物,第三圈則圍繞著形形色色的人們,其中甚至可見到外國人。

　　比較1900年與1903年兩次博覽會可知，1903年在日本大阪所舉辦的第五回內國勸業博覽會，台灣的意象也因為展場的擴大及內容的豐富，而有了實質意義上的轉變。例如，1903年大阪內國勸業博覽會所呈現的年表更透露了其欲勾勒一個與日本關係密切的臺灣歷史之企圖。

三、1935年台灣始政四十周年博覽會

　　有了前面幾次的參展經驗之後，1935年於台灣本島所舉辦的始政四十周年博覽會，其內容更加多元且豐富。本次的博覽會，可說是日本政府企圖從多元的角度，展示其治台四十年的具體業績。此次的博覽會不僅有靜態的展示，更有動態的活動；其中的夜間節目，更是精采可期。設計壯觀且美侖美奐的展場、牌樓、陸橋及市容等，入夜之後，在燈光的刻意布置之下，更是光耀炫爛。當然，煙火的施放，也是此次博覽會的重頭戲之一。另外，尚有專為兒童設計的陳列室及遊

戲場。

再者，此次的博覽會，更加地強調日本在台產業經濟及工業建設方面的重要成果。另外，值得我們注意的是，台灣與其他地區的關係，也成為此次博覽會的重點。例如，以台灣茶葉的展示為例，1935年的陳列，即以半個地球模型，標示出台灣茶葉的輸出狀況，在地球模型的四周，更刻意地擺放著包裝精美的茶葉罐，而在展場的牆面，則以圖片陳列著台灣茶輸出地訂購的情形。

此外，本屆的博覽會尚有南方館、暹羅館及菲律賓等館的設置。而在以台灣為主題的始政四十周年博覽會中，出現這些鄰近台灣的南洋區域，當不難理解日本政府透過此次博覽會所欲傳達的意圖為何。也就是說，儘管日本已在1903年的大阪內國勸業博覽會中，提及了台灣作為日本南哨站的重要地位。然而，一直要等到1935年台灣始政四十周年博覽會，台灣作為日本「大東亞共榮圈」南進前哨站的意圖，才被清楚地突顯出來。

上二圖 1935年始政四十周年台灣博覽會發行記念繪葉書

上左圖
1935年始政四十周年
台灣博覽會的海報

上中圖
1935年始政四十周年
台灣博覽會的海報

上右圖
1935年始政四十周年
台灣博覽會的海報

右圖
1935年始政四十周年
台灣博覽會中台灣茶
外銷展示場景

　　本文試圖從日治時期，法國巴黎、日本大阪及台灣本島三個不同
區域所舉辦的博覽會，討論在不同的脈絡之下，台灣以何種面貌被展
示，並藉此理解「台灣意象」在日治前後時期的轉變。

台展與府展中的畫室

一、《台灣日日新報》中的「畫室巡禮系列」

　　1927年第一屆「台灣美術展覽會」（簡稱「台展」，1927-1936）舉辦前一個月，當時日本殖民政府在台灣發行的官方報紙《台灣日日新報》，即針對將參加「台展」出品的日籍與台籍畫家進行專訪，而有了「台展畫室巡禮」（アトリエ巡り）系列專欄。此專欄的內容，大抵為記者親赴畫家的畫室，作近距離的報導。文章中，對於畫室的陳列，畫家正在閱讀的書刊，乃至畫家的創作理念，皆有著墨。因此，有助於我們從生活空間的層面，掌握畫家的繪畫世界。

　　「台展畫室巡禮」系列文章，有以下幾個值得觀察的面向：畫家的藝術品味、畫室的空間安排及科學理性的寫生觀等。有關畫家的藝術品味為何，我們可從畫家在畫室中所陳列的書籍雜誌中得知。例如，鹽月桃甫床邊的俄國小說、德文版藝術書、山地人傳說集等；蒲田丈夫散置於書桌上的稿紙、時局論叢、畫冊等；藍蔭鼎的藝術解剖學、畫的科學等書。至於畫室的空間安排，洋畫家古川義光的畫室（即客廳）與能畫家武部竹令的畫室，即被如此比較著：「坐在充滿明亮光線的客廳沙發上，看著完成八成左右50號的靜物油畫，這種感覺與具有古典風範的能畫家武部竹令比較起來，簡直有天壤之別。如果說武部竹令給人的感覺，是坐在前有古雅庭園的安靜茶室中，泡著茶的古風之人的話；那麼古川義光就相當於昭和時期，昂首闊步於銀座

右頁上圖
「台展畫室巡禮」
《台灣日日新報》
1927年9月6日、9月7日

右頁下圖
蒲田丈夫
畫室　1928
第二回台灣美術展覽會

的時髦男子。」

　　最後，有關日本官展對於台灣近代美術所造成重視寫生的影響，也可從「台展畫室巡禮」中得知較為清晰的輪廓。從文章訪談中，不斷出現實地寫生、標本、乃至百科全書的引用可知，科學理性的寫生觀可視為當時藝術創作的主流價值。以畫鷺聞名的日本畫家野間口墨華便曾說過：「決定畫鷺之後，我首先到博物館觀察鷺的足、嘴及毛的顏色等等，我看到鷺的頭上有一根長毛，猜想應是冬毛；但在芳賀先生的百科辭書中卻記載其為夏毛。因此，我決定親自前往鷺山一窺究竟。我沿著畔道，以望遠鏡仔細地觀察，並在鷺山山麓粗糠崎的

池畔寫生。又聽聞當地古老的傳說也證實鷺頭上的長毛是冬毛後，才執筆創作。」從此段文字中可知，當時的寫生觀乃是建立在「眼見為信」的基礎上。

除了從文字史料中，得知當時畫家創作空間及創作理念的實況之外，我們尚可從歷屆的台展及府展（即「總督府美術展覽會」，1938-1943）出品作中，如浦田丈夫、富田一夫、小田部三平等人，以畫室為名的作品，從圖像的角度，一窺畫家畫室的面貌。下文將進一步從靜物及裸女兩部分討論之。

二、畫室中的靜物

英國藝術史家諾曼布列遜（William Norman Bryson，1949-）將靜物畫的研究，置於日常生活中的物品、富有文化意涵的符號、及成為藝術表現的對象等幾個層次討論。日治時期台灣美術的諸種畫類之中，靜物畫可說是繪畫初學者最先接觸的部分。翻開日治時期學校美術教育的圖畫帖，生活周遭的物品，如畚箕、石臼、瓶罐等物，皆成為訓練學生觀察及描繪能力的基本素材。因此可知，靜物在美術教育的體系中，代表的即是

下圖
藍蔭鼎　書齋　1929
第三回台灣美術展覽會
第六回台灣美術展覽會

右頁上圖
小田部三平
畫室　1936
第十回台灣美術展覽會

右頁下左圖
南風原朝光
蝴蝶標本
1932
第六回台灣美術展覽會

右頁下右圖
富田一夫　畫室
1932

上圖
潘雪山　畫具　1931
膠彩絹　71×100cm
第五回台灣美術展覽會

右圖
王坤南　夜的書齋
1934　第八回台灣美術展覽會

右頁下圖
陳英聲　畫室　1930
第四回台灣美術展覽會

日常生活中的物品一類。然而，一旦當這些物品進入畫室的創作空間時，它則成為諾曼布列遜所言反映文化意涵的線索。

例如，潘雪山的「畫具」（台5）一作，畫家不僅將作畫時的物品一一安置於桌上，更有趣的是，畫家亦將數回的「台灣美術展覽會圖錄」，陳列於畫面中央。如此一來，一方面這些圖錄成為被放置在桌上的靜物；另一方面，它也成為畫家努力創作目的之暗示—即入選台展。再者，此畫若陳列於展覽會的會場之中，此類圖錄也成為向當時觀看的大眾揭示，展覽會對於美術發展的成果。因此，畫室中的靜物，其意義不僅是作為畫家創作技法的展現，它同時也反映了畫家對於近代台灣美術理解的一個側面。

另外，如藍蔭鼎的《書齋》（台3）、王坤南的《夜的書齋》（台8）等作，也可看到畫家刻意描繪出置於書桌上的畫具。有趣的是，畫家在這個展現自我創作的空間中，究竟選擇了何物呈現給觀眾？這些被刻意描繪的物品，也可視為

古川義光
畫室的裸婦
1929
第三回台灣美術展覽會

是畫家彰顯其藝術品味的線索。而不論是藍蔭鼎置於書桌正前方的時鐘，或者是王坤南繪有駱駝燈罩的枱燈，皆反映了當時台灣畫家對於西方科技文明的興趣。

三、畫室中的裸女

有關畫室中的裸女形象，其出現的形式，大致可分為以下兩種：一為真實的模特兒，一為畫作中的裸女。前者如古川義光的《畫室的裸婦》（台3）；後者如蒲田丈夫的《畫室》（台2）、福井敬一的《畫室靜物》（府1）等；而同時呈現此兩種形象則有陳英聲的《畫室》（台4）。其實，早在第一屆台展開辦之前，台灣的民眾即有機會

從《台灣日日新報》「日本（內地展）畫室巡禮」系列中，看到「帝展」、「院展」或「二科展」的作品，其中亦不乏以裸女為題材的畫作。因此，當裸女題材及相同的表現形式，出現在台展及府展的得獎作品之中，也就不難理解台府展與日本內地展之間的關連了。

　　古川義光的《畫室的裸婦》一作，描繪一位橫臥於床上的裸女，正側身靜靜地欣賞著掛在牆上的靜物畫。透過此作的畫面構思，我們不難理解畫室中的裸女，或可視為畫家藝術知音的化身。陳英聲的《畫室》，是一件十分有趣的作品，畫中可見一位看似模特兒的女子，身著端莊的裙裝，望向戶外，倚窗而坐。然而，畫面的另一方，一幅大尺寸以裸女為題的畫作，則高掛在畫架上，可知此裸女一作，仍是畫家為了參展而畫的。透過如此的安排，畫家巧妙地將私領域（畫室）的女子，與公領域（展覽會場）的女子，於同一時空中並置，並令觀者自行探索其中的奧妙。

四、畫室與畫家自我形象的建構

　　有別於前回的討論，從博覽會的公共空間來思考台灣的形象；本回則從另一個自我空間「畫室」，來探析當時台灣美術的形象。「畫室」，不僅可以是畫家向大眾展現自我藝術形象的場所；另一方面，就其作為一個畫家創作的空間言之，「畫室」亦具有探求畫家創作意向之延展的線索。當代法國哲學家梅若龐迪（Maurice Merleau-Ponty，1908-1961）曾對於「身體」及「情境」有深刻的見解。他指出，人的身體乃是一個「栩栩如生地意義之凝結」，並充滿了「意向的組織」、「意向的線索」、「意向弧」及「意向的網絡」。至於「情境」即意指，與環境的互動，此互動與自然界及人文世界的關係密不可分。因此，畫室中的靜物、裸女、物品擺設的呈現，正可視為畫家如何透過「創作」來建構其理想的畫室形象。而這個畫室的形象，也在某個程度之下，真實地反映了當時的畫家，對於近代台灣美術發展的建構。

台展作品中的人文景觀

一、日本官方的美術展覽會

　　不論是1950年代王白淵所撰的〈台灣美術運動史〉，或者是1970年代謝里法的《日據時代台灣美術運動史》，皆從當時的殖民政府日本在台灣所舉辦的官方美術展覽會，作為掌握二十世紀前半葉台灣美術發展的重要觀察。所謂日本官方美展，即是指1927年至1936年由台灣教育會所主辦的「台灣美術展覽會」（簡稱「台展」），共舉辦了十屆。停辦一年後，1938年由總督府接辦，並更名為「總督府美術展覽會」（簡稱「府展」），直到1943年為止，共舉行了六屆。的確，如此的切入，使得我們得以對當時台灣畫壇的主流發展，有一個較為清晰的理解脈絡。而本文則希望能從另一個方向，透過這些作品，思索日治時期台灣的人文景觀。

二、都市的面容

　　日治時期，可視為是台灣美術走向現代化的一個重要契機。而官展作品中，所呈現的都市面貌，也可作為我們管窺台灣現代化發展的軌跡。例如，李石樵的《台北橋》（台1），其前身原為光緒十五年（1889）完成的木鐵混合橋，後來幾次因故重建後，終於在1925年以全新的鐵橋面貌，出現在台北街頭，成為當時都市的顯目景觀。李石

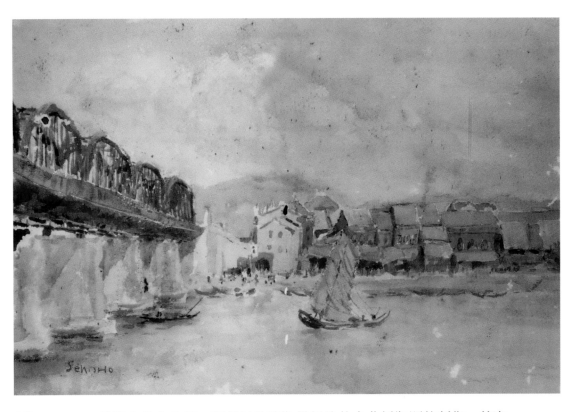

上圖
李石樵　台北橋
1927　第一回台灣美
術展覽會

下圖
井上鐵男　加油站
1933
第七回台灣美術展覽會

樵畫中的台北橋，即是以改建為鐵橋後的台北橋為題的創作。其實，「橋」的意象，在都市化的脈絡之中，有其特殊的存在意義。李石樵的老師，同時也是台展審查員的石川欽一郎（1871-1945），曾在一篇名為〈薰衣樨〉的文章中提到：「『橋』屬於市街建築物的一部分，它也可說是市街的延伸。因此，它的建造須考慮其與市街景觀協調的一致性。」由此不難發現，台展中出現的此類作品，其所可能兼該的都市建設與規劃之特質。

　　另一幅與現代交通有關的作品是井上鐵男的《加油站》（台7）。此作以加油站為場景場，畫中不僅可見到顯目的SHELL招牌，停放在畫面正中央的時髦敞蓬車，也是都市中令人眼睛為之一亮的現代化產物。同樣以城市舶來品展示為題的畫

作，尚有許聲基《商品陳列窗》一作。

　　除了以上可見到都市中的現代化景物之外，繁榮的商業景致也是不容忽視的都市面容，郭雪湖的《南街殷賑》（台4）即是一例。此作以迪化街城隍廟口為場景，畫中最引人注目的即是那些高高低低懸掛在街道上方的招牌。從這些幾乎占滿整個畫面的招牌，不僅可以看到當時在都市中流通的貨品，如大甲帽子、蕃地土產、高麗蔘、布匹、糖菓、鐘錶等物品，也可看到以原住民的形象及獨木舟為圖像或者充滿洋味的招牌設計。

左圖
許聲基　商品陳列窗
1934
第八回台灣美術展覽會

右頁圖
郭雪湖　南街殷振
1930　膠彩絹本
134×195cm
第四回台灣美術展覽會

三、熱鬧的節慶

　　村上英夫（即村上無羅）的《基隆燃放水燈圖》一作，乃是以基隆顏家為主角，所描繪的台灣風情畫。此作雖以台灣節慶的熱鬧實景為主，然而，在表現的手法上，卻呈現出十足的日本風俗畫趣味。誠如當時西岡塘翠所言：「此幅描繪台灣風俗的作品，吸引了本島人駐足觀賞。此作的感覺，有點似長崎古代風俗畫的味道。另外，畫家以近似浮世繪般仔細地描繪，畫面中不論是進行中的隊伍或其他所見，尤其是畫中人物描繪地似娃娃玩偶般，皆令人感到十分有趣。此作的意匠及技巧，使得它能在會場中大放異彩。」

　　另一位著名的藝評家鷗亭生，也注意到此作，他提到：「此作的優點乃在於畫家以樸素手法描寫人間百態，頗具時代意味，且細膩而有韻味。至於缺點則是構圖太過塞滿，缺乏虛的襯托。另外，天地金雲似有畫蛇添足之感。」的確，村上英夫在畫面中刻意勾勒的天地金

雲，頗為當時的藝評家所詬病。然而，十分弔詭的是，也正由於此種看似「畫蛇添足」的特效，反而使得本作能更忠實地反映出節慶熱鬧喧嘩的氛圍。

四、理想的國度

鹽月桃甫（1886-1954）的「霓虹」（台10）一作，仍是延續畫家一貫感興趣的原住民題材。此作以三個泰雅族少女為主角，畫中兩位有著深邃雙眼的少女，正專注地吹奏著口琴，數隻蝴蝶圍繞著少女飛舞著，遠方的彩虹、藍天與近景的黃色花叢，使得此作呈現出宛若仙境的理想國度。這幅作品，雖是畫家1936年為最後一屆台展所提出的畫作，然而，十分有趣的是，此作的表現，卻在相當程度之上，回應了畫家在第一次台展時，接受採訪的印象。

1927年9月9日，《台灣日日新報》「台展畫室巡禮」記者採訪鹽月桃甫的文章，開頭便是如此地敘

村上無羅　基隆燃放水燈圖　1927　第一回台灣美術展覽會

訴著：「中央山脈的山岳是如此的壯觀，在這裡萬物們，似乎皆有著
純潔的生命，特別的意義、感動及散播著音樂。生活在這裡的人們，
有著在繁華惡劣都市中生活的人，所難想像的至善至美的心靈。」的
確，台灣原住民如此至善至美的純潔形象，吸引了日籍畫家鹽月桃甫
一再地以其為題創作。儘管在歷屆的台展出品中，鹽月桃甫筆下的原
住民形象，有時歡愉、有時悲愴，但他對於原住民的關注及省思，卻
始終充滿著濃厚的人文情懷。而「霓虹」一作，或可視為是他此種情
懷的最佳呈現。

五、自我與他者——吳鳳傳說

　　同樣是以原住民題材創作，大岡春濤的「生之英靈」（台1）一
作，在日本官展的脈絡之中，則相當引人注目。此作所根據的範本乃
是「吳鳳傳說」，此傳說乃是描繪吳鳳捨身取義的故事。畫家將騎

在馬上的吳鳳神韻，刻畫地十分莊嚴且具有靈氣，相較之下，躲在一旁伺機獵人首的生蕃，則顯得又驚恐又狼狽。然而，值得我們注意的是，大岡春濤此作的吳鳳，並非以悲劇英雄的形象現身，相反地，手持長劍，十分威武地目視已受驚嚇的生蕃，吳鳳傳說在此處「教訓」的意義，似乎更重於捨身取義的「教化」意味。

　　因此，從此作的表現方式及意義轉換，正可以讓我們透過它來思索「自我與他者」的課題。傳說之中，原本穿著紅袍的漢人吳鳳，在此畫中轉而變身為身著戰袍的日本武士。而此種服裝的置換，使得吳鳳從原本是悲劇英雄的犧牲者，轉變成為威武莊嚴的教訓者。由此可知，在漢人脈絡下的吳鳳，乃是以「教化」的他者形象出現，而在日人脈絡之下的吳鳳，則改以「教訓」的他者姿態展現。然而，不論他者的形象如何改變，以原住民為自我的形象，卻始終被置於待開化的思維下被表現。

　　台展作品不僅是掌握台灣美術發展歷史的重要史料，透過對於它們的深入探索，也可以使得我們理解在這些圖像史料的背後，所可能蘊藏時代思維的面向。

官展之外：《現代台灣書畫大觀》

一、1929年的「全台書畫展覽會」

　　黃瀛豹（1905-1989），字啟文，號南山老人。1924年就讀台中中學時，即利用課餘時與王石鵬習漢文。曾以啟文為名，在《人人雜誌》、《鐸聲雜誌》發表新詩，亦曾發行《黎明文藝雜誌》。1927年加入台灣民眾黨，並擔任《台灣日日新報》記者。1928年「新竹書畫益精會」成立，隔年即由黃氏策劃舉辦全台書畫展覽會。此次展覽會可媲美1927年由日本官方在台所舉辦的「台灣美術展覽會」（簡稱「台展」，設「東洋畫部」與「西洋畫部」）。不同於「台展」的選件標準，「新竹書畫益精會」所主辦的「全台書畫展覽會」乃是以傳統書法及繪畫為徵件對象。評審委員中有日人尾崎秀真、大木俊九郎（台中商業學校首席教諭），中華名士楊草仙、李霞、詹培勳、趙藺，以及蘇孝德、莊太岳等人，在參賽的八百多件作品中，最後選出各五十件書畫優秀的作品，並出版《現代台灣書畫大觀》。

二、文人傳統的展現

　　從此次的評審名單中，不難看出此會的陣容與中國文人傳統的連繫。評審們除了本身善書畫之外，亦對中國傳統詩文多所涉獵，即使在日治時期，也自組詩社結合同好乃至日人，擊鉢吟詩。除了強調傳統文學的素養之外，人格及講究中庸之道，也是不容忽視的要求。

上圖
楊草仙　書法
右頁圖
范耀庚　指畫墨松

其中，對於「中和」及中庸之道的提出，或與當時的政治氛圍有關。如日人評審大木俊九郎的小傳中，即特別指出他「一視同仁」對待台人與日人的主張。又如四川人楊草仙的介紹，則強調其「人格高潔、學識淵深、思想言論、純粹中和」的特質；另外，大正九年（1920）東京發生地震，他也曾赴日於京阪之間，當眾揮毫，義賣作品。本次展覽會已高齡九十一的他，可能即以三十餘斤之大筆，寫下「領導文明」四個大字展出。來自廣東的詹培勳，「曾入泮宮，幼則束髮受書，兼習畫家六法；長則任職福建詔安縣知事，後因吸收新文化，歷遊海外，買棹渡台，藉筆墨以謀自立，其作品古雅幽淡，頗具文人之風。」趙藺，「浙江人，畢業於上海藝術大學，歷任中等學校美術教員及中華軍政部校官，其畫畫特色為雄厚蒼勁。」李霞來自興化府，曾遊京津，作品曾參加甲寅巴拿馬賽會且獲優等獎章，此次展出的人物畫，「筆力雄健，高古深雅」。

　　尾崎秀真在該書畫集的序中寫道：「新竹由來為全台文化淵藪，道光之際，鄭用錫林占梅諸先哲，提倡文學，誘掖後進，其遺風遺澤，至今不衰。改隸以還，文運日進，學術之興隆，駸駸乎燦然可觀。然新竹莘莘學子，不自滿足，更慨然以振興東華藝術為己任，率先倡設書畫益精會，晨夕探討，又主開全島書畫賽會。」此次展覽會的會場位於新竹女子公學校，五天內，參觀人數已數萬人。有關此次展出作品的特色，尾崎給予不錯的肯定，並從詩文賞析的角度，看待這次展出的書畫作品。他提到：「固知詩文之中，有英邁雄偉、堂皇典雅、或端莊流麗、剛健婀娜、高古簡淨、荒涼疏落、精鍊沉著、緻巧精韻諸體，人各自為家，各有特色，然未嘗不可於斯集書畫中求之也。」

三、書畫中的古典與現代

　　此次入選者有許多當時已頗為人知的傳統書畫家如蔡雪溪、李逸樵、蔡九五等人。而以傳統文人畫題材作畫的畫家，除了來自浙江的趙蘭之外，來自台南且作品曾入選京都洛陽美術展覽會、帝國繪畫協

會熊本美術展覽會、善化美術展覽會等的呂璧松，也以一幅南宗畫法的山水畫入選。再者，新竹當地畫家，以王摩詰、藍田淑、顧愷之為師的陳心授，及其學炭筆攝影的兒子，皆以傳統山水畫作入選。其他以文人題材入畫的尚有，畫蘭的鄭香圃，畫梅的鄭啟東，及畫竹且以鄭板橋為師的鄭淮波等人。

　　除了傳統文人畫的作品之外，強調筆墨趣味的入選作品也相當可觀。如頗富名望的范耀庚以指頭作畫寫墨松，鄭玉田則以「筆陣墨軍、縱橫無敵」般的筆墨，狀寫一名左手持羽扇，右手握珠串的長指人物。不僅人物本身的造形安排已極具特色，畫家以蒼勁曲折的線條勾勒衣紋，更突出本作的張力趣味。另一位創新意味頗濃的畫家是彰化的吳石麟，他所自創的香畫，乃是以線香柱火在紙上，灸成山水人物。

此外，展覽會中亦不乏寫生寫真之作。如台中吳飛龍曾拜詔安縣黃炳章為師，學寫肖像。此次即以孝子於虎口下救父的題材入選，此作不僅呈現出故事高潮一幕的戲劇性，畫家對於人物五官、手部關節、及老虎齒爪的刻畫，皆可看出寫真的用心。另外，曾入選「台展」的黃添泉，自營美術肖像館，其創作態度乃是專工寫生不事臨帖，本次也以一幅竹鵝圖入選。至於另一位大成肖像館館主陳湖古，其入選的人物畫，也頗具寫真的意味。

值得注意的是，這次「全台書畫展覽會」雖以傳統書畫為募集的對象，然而，我們仍可從其中看到與「台展」東洋畫部重疊的部分。例如，曾多次在「台展」中獲選的林玉山，以《曉靄》一作入選。另一位曾在「台展」出品《牛》的嘉義畫家林東令，也在此次以相當傳統的題材及筆法創作了《梅妻鶴子》一作。再者，女史畫家有范耀庚之女范侃卿，以花鳥、山水、人物為題的多幅作品入選；嘉義好吟詠兼善繪畫的李德和，也以一幅花卉作品獲選。

從《現代台灣書畫大觀》所附的書畫家小傳及入選作品之中，我們除了看到台灣畫家到中國大陸遊歷拜師的情形之外，也可以看到不少中國畫家流寓來台的例子。其中，來台後鬻畫自給者，除了評審詹

上圖
林玉山　曉靄
右頁上圖
黃添泉　竹鵝
右頁下圖
吳飛龍　虎口救父

左圖
林東令　梅妻鶴子

　　培勳之外，同樣來自福州，其父為光緒乙未進士的郭梁，也以人物仕
女之作在台賣畫維生。因此，透過此書畫集，我們不僅可以掌握日治
時期台灣傳統書畫發展的概況，也可以看到當時台灣書畫家與中國大
陸書畫家的交流情形。

書畫的匯流：從《東寧墨蹟》看日治時期台日視野下的東西古今名作

一、1930年代的收藏、展覽與出版

　　《東寧墨蹟》一書，乃是由南瀛新報的林錫慶，於昭和八年（1933）所出版的古今書畫集。林氏雖有心欲網羅古今中外之名作，然有感於「縱富有資力，恐或難以盡人而割愛；即向借覽，亦徒供過眼之雲煙」，因此遂決定利用「現代科學利器」，將其攝影並印刷成冊。此冊所收錄的書畫內容有「近如總督長官，並有名諸紳士，遠如本島前清之進士、舉人、貢生、秀才，以至古來日本中華諸書畫名家之作品」。至於公開徵件展出的部分，亦委由尾崎秀真、久保天隨、魏清德、張純甫、李逸樵、王少濤、陳心南、駱香林等人，臨場鑑衡，選其精萃者百餘件，收錄於此冊中。另外，尚有台灣現代書畫家及當時其他展覽的作品收入其中。故可知《東寧墨蹟》所涵蓋的內容，不只包括了中原傳統的書畫作品，尚將當時日本官展中東洋畫及西洋畫的作品，乃至台灣水彩畫會的水彩畫作，一併網羅。因此，透過此書畫集的探討，或可提供我們從另一個角度，思考1930年代台灣書畫界的概況。

二、古今珍奇書畫

　　此部分收錄有林熊光所藏寧靜王的墨蹟，及台南開元寺藏鄭成功的書法。此外，幾位日本官員如後藤新平、伊藤博文、乃木希典等

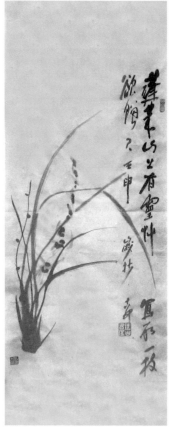

上三圖
尾崎秀真　松蘭梅

人的墨蹟，亦可見到。再者，如清代即已流寓台灣的中原書畫家之作品，也多有所見。總而言之，此部分所收的書畫作品，除了可看到台灣士紳所收藏的傳統書畫之外，尚可見到在台日人相關的水墨收藏。如當時任教於台北帝國大學的文學博士久保天隨所收藏日人上田丹崖、池上秀畝的花鳥畫，小村大雲、柚木玉村、杉溪六橋的山水，西村重長的風俗人物以及清代袁枚的山水畫等。曾任台灣博物館主任的尾崎秀真所收藏林覺的花鳥、謝棺樵的竹，周凱的山水等。另外，尚有日人荒井貞次郎、小野岐、小松吉久等人的書畫收藏。至於當時台灣士紳如魏清德、陳清波、陳清秀、陳天來等人的藏品，亦收錄其中。

此外，當代台灣書畫家如駱香林、陳天來之子陳清汾及郭毓瑞等

人的畫作，也被歸類在古今珍奇書畫一類。

三、1932年台灣書畫展覽會

　　擔任審查的久保天隨對於此次應募書畫的看法如下：「墨守師法，葫蘆依樣，陳陳相承，大抵皆然。數人剽襲一粉本者，亦可容易指斥之。」鄉原古統在1933年發表對於當時台灣書畫界的觀感時，也提到即使在台灣有許多畫蘭竹的畫家，卻沒有能稱為大家者。在此次展出的蘭竹作品中，有許筠的學生蔡大成，及遊歷大陸回台後結廬於太魯閣之南，栽蘭種竹且專研水墨蘭竹的張采香等人。儘管久保與鄉原對於墨守師法有著較為負面的評價，然而，從《東寧墨蹟》選件的角度及其對於傳統水墨的價值思之，並未出現「重寫實輕臨摹」的單一理解。相反地，在對於「臨摹」的看法上，《東寧墨蹟》更突顯出畫家品格與生活態度的一面，而非只是以技法為掌握作品唯一的途徑，此種「包容性」，正可視為是《東寧墨蹟》的重要特質之一。

　　例如，書畫集中對於洪璽嘉山水畫的描寫，即為「兼得古畫家筆意且擅寫生。」而兩位曾入選台展的青年畫家施玉山與蔡雪溪之子蔡文華，則以兼具寫實與傳統圖式的動物魚藻畫展出。至於人物畫的部分，題材與內容也是十分多元。除了有繼承明清以來仕女畫傳統的張金柱與鄭琳煌之仕女圖外，民間宗教人物畫的作品亦時有所見，如施壽柏、鄭琳煌、張金柱、陳永森等。其中，施壽柏與鄭琳煌不論人物的姿態與雙手持物的安排，明顯可見來自同一個粉本。

　　再者，筆者以為，其中一位畫家陳永森值得特別提出。記得多年前，筆者訪問日治時期的台灣畫家鄭獲義時，他即特別提及，陳永森曾以不同媒材及表現形式，多次入選日本各式官展的各種類別。而此次在梳理《東寧墨蹟》時，即發現儘管在對於中原傳統的水墨掌握上，陳永森也展現出多樣的面貌。例如他在此次展出的作品計有人物、虎圖、猿圖等。最後，除了中原傳統圖式之外，鄭黃聯、余鐵仙、余炳煌等幾件描繪台灣植物的畫作，也可見到受到台展東洋畫提倡寫生的影響。

左圖
鄭琳煌　人物
右圖
施壽柏　人物

四、其他的展覽會

　　《東寧墨蹟》中，尚收錄1932年11月26日至28日同時於台北教育
會館展出，第六屆台灣水彩畫展部分的作品。另外，台展入選的部分
東洋畫及西洋畫也被輯錄其中。此外，當時來台在鐵道旅館開畫展的
安徽桐城畫家方洺，其水墨畫作及作品定價也皆收至此冊中。方洺為
「清乾隆朝大儒方望溪的後代，曾因其伯父方和齋之故，而遊歷四川
成都。稍長，歷任知事及警察高等顧問要職，後又任北平國立美術學
校教授。曾因日本美術協會會長金子爵推薦，而任該會評議員。也曾
多次於東京、名古屋、大阪等地舉辦畫展，作品多為名公巨卿商賈所
購。」從此冊中可得知，其畫作的價格約在150圓至400圓之間。

　　由以上的分析可知，《東寧墨蹟》與前回所介紹的《現代台灣書
畫大觀》，同樣反映了日治時期，台灣中原傳統書畫的面貌。然而，
兩者的不同，從其書畫冊「命名」的方式，也可略知端倪。《東寧墨

左圖
陳永森　猿圖

右圖
方洺　山水
定價日幣400元

蹟》的歷史意義，乃在於它強調歷史上台灣與漢文化的關係；若從
「類型」的角度思之，《東寧墨蹟》所收錄書畫種類的涵蓋範圍及出
現的脈絡，一方面有助於我們從收藏與展覽的方向，思考當時台灣漢
文化的發展概況；另一方面，也將「墨蹟」的定義擴大並涵蓋了日本
的水墨畫作。

日治時期官展體系中的台灣女畫家

　　「女性」，作為藝術史研究的範疇，其所呈顯出的意義是多元的。「女性」，可以作為繪畫表現的對象，透過「她」，藝術家得以將其創作理念，甚至是世界觀，具體呈現。回顧西洋繪畫作品中的女性，或來自神話、或來自異域、或為畫家生活中某個片段的記憶。在以男性為主所書寫的藝術歷史中，「女性」，始終是被觀看的對象。因此，創造畫作的男性若是「主體」，那麼作為被觀看的女性即成為「客體」。然而，隨著研究者對於藝術歷史書寫中「主體」與「客體」的反思，「女性」，已漸漸由「客體」走向「主體」的位置，並逐漸地開始受到重視。因此，作為女性的藝術家，其畫作是否呈現出與男性藝術家迥異的面貌，也成為討論的焦點之一。究其原因，乃基於「性別的差異是否造成風格不同」的假設。然而，若以日治時期台灣畫壇的情況為例，除了少數個案（如陳進等人）以外，大部分台灣的女性畫家，雖也擠身進入美術展覽會的公共場域，然而，對於其畫風的理解，仍與其師承及家世不可分割。換言之，由於受到傳統及社會等因素的影響，許多後來走入家庭，未再以畫業為終身職志的女性畫家，其畫風仍延續自其所師承的對象。

　　然而，若從美術展覽會的角度，思索台灣畫壇中女性畫家的繪畫表現，我們可從以下三個方向切入討論。一為中原水墨傳統的延續，二為日本官展中的東洋畫表現，三為日本官展中的西洋畫呈現。

上圖

周紅綢

睡蓮　1933

第七回台灣美術展覽會

一、中原水墨傳統的延續

日治時期，日本雖在台灣推動美術現代化的活動，然而，民間仍有許多以漢文化為主的書畫活動。如台灣書畫會的古書畫展、新竹書畫益精會的全台書畫展覽會等。而在這些傳統書畫展中，除了來自中原及台灣本地畫家的作品之外，仍不乏日人自身及其所收藏的作品，如尾崎秀真所畫的《蘭竹》等作，及日人荒井貞次郎、小野岐、小松吉久等人的書畫收藏。當然，台灣士紳如魏清德、陳清波、陳清秀、陳天來等人的藏品，也多有所見。

其中，也可見到女性畫家的水墨作品，如新竹著名的指畫家范耀庚之女范侃卿，即以具有清初四王畫風的山水畫展出。另外，嘉義諸峰醫院張錦燦醫生之妻李氏德和，出身自台北國語學校附屬女學校，曾任公學校教員，好吟詠，繪畫以花鳥擅長，也在傳統書畫展覽會中展出一幅花蝶畫作。值得注意的是，張李德和不僅參與中原傳統的書畫展，她的作品，同時也多次入選日本在台舉辦的官方美術展覽會。

二、日本官展中的東洋畫表現

　　1927年，日本殖民政府為了更積極地主導台灣美術現代化的發展，由當時的台灣教育會主辦「台灣美術展覽會」（簡稱「台展」），1938年後，由總督府接續主辦「總督府美術展覽會」（簡稱「府展」）。許多作品入選「台展」及「府展」的畫家，對於後來台灣美術的發展，具有深遠的影響。再者，若從美術機制的角度思之，日本官辦美展中，只設「東洋畫部」及「西洋畫部」，而不設中原傳統書畫部的思維，實可見到日人對於「現代美術」的理解，乃是包括以日本所代表的東洋畫，與西方的西洋畫為主要內容。

　　回顧台灣女性畫家曾入選日本官展者，依其身份可區分如下：一、師承自官展審查員，同時也是台北第三高女的美術教師鄉原古統者，如陳進、林阿琴、周紅綢、邱金蓮、陳雪君、黃早早、黃新樓、彭蓉妹、蔡品、謝寶治等人。其中，陳進及蔡品，離開台北第三高女後，又繼續赴東京女子美術學校深造。二、師事台籍畫家者，如師承陳敬輝的林玉珠（王昶雄妻）、受林玉山影響的張李德和，及其以林玉山為師的二個女兒張敏子、張麗子。這些女性畫家的習畫過程，

下圖
林阿琴　南の國　1933
第七回台灣美術展覽會

右頁圖
張李德和（長谷德和）
鳳凰木　1942
第五回總督府美術展覽會

多為受到學校美術教師的啟發。因此，其對題材的選擇及表現手法，也反映了當時日方對於台灣畫壇的期待，即以觀察寫生的方式，表現出台灣不同於日本的南國風情。如林阿琴《南の國》、周紅綢《睡蓮》、黃早早《林投》、張李德和《南國蘭譜》等。

　　除了反映時代畫風的特色之外，女性畫家的細膩表現，也成為觀察的另一個重點。例如，張李德和在第五屆「府展」中獲推薦的《鳳凰木》一作，不論是葉片迎風搖曳的姿態，或者是鳥禽身軀的刻畫，皆可見到其謹慎用心的表現。而在畫面左下方三行的書寫題記及用印，也使得此作呈現某種東洋畫與中國畫交融的趣味。至於，作品曾經入選日本帝展且為台展審查員的陳進則以作品題材的豐富性及細膩的特質，充分展現出女性畫家不同於男性畫家的面向。如《野分》、

作史女進氏陳
《史女示力内臨》

上圖
陳進與其入選第一屆台展
作品之一けし（罌粟）
《台灣日日新報》昭和二年
（1927）十月二十八日
第四版

上左圖
陳進擔任第六屆台展東洋畫
部審查員《台灣日日新報》
昭和七年（1932）
十月十九日　第二版

左圖
陳進入選日本第十五屆帝
國美術展覽會作品　合奏
《台灣日日新報》昭和九
年（1934）十月三十日
第七版

《芝蘭之香》、《樂譜》、《杵唄》、《桑之實》等作，分別表現出
日本、中國與台灣原住民，傳統與現代的不同女性形象。

三、日本官展中的西洋畫呈現

相較於入選官展「東洋畫部」台灣女性畫家的人數而言，入選日

本官展「西洋畫部」的女畫家，人數顯得相對較少，且其出生多集中在南部地區。如台南的張翩翩、張珊珊姊妹及林呈祿妻黃荷華等人，嘉義的陳澄波之女陳碧女等。其中張氏姊妹皆留學日本，張翩翩曾師東光會熊岡美彥，作品並曾經入選日本「帝展」。張翩翩入選「府展」的《靜物》一作，乃是以石膏像、陶壺、器皿、果物、書籍及花布等為描繪的對象，雖具習作的意味，然而，畫家對於不同材質的表現及光影的處理，仍可見其用心。至於其妹張珊珊的《靜物》，亦類習作，畫中一張有著果物的長條形桌子水平地擺放著，其上分置兩個垂直的玻璃瓶及圓柱花瓶，桌角一側有一素色的布匹垂下，畫家透過素色布匹陰暗面的處理，表現出布匹的摺疊形態。另一位以《殘雪》入選的黃荷華，則以現代化的工廠及電線桿為描繪的對象。透過以上所述可知，這些入選官展西洋畫部的台灣女性畫家，在作品題材的呈現及技法的表現上，與該部的男性畫家並無明顯的差異。

最後，身為知名畫家陳澄波之女的陳碧女，其作品也曾入選官展。《眺望遠山》一作前景的構圖，可清楚地看到受到其父陳澄波的影響。陳碧女在前景處，分別以樹叢及屋頂，上下地圈出了一個彷彿觀看起點的窗口，其中景處，平穩地安置一屋舍，至於遠景處，則繪有一段綿延平行的山脈。筆者以為，陳碧女此作前景的處理手法，

下左圖
張翩翩 靜物 1938
第一回總督府美術展覽會

下右圖
張珊珊 靜物 1942
第五回總督府美術展覽會

黃荷華　殘雪　1933　第七回台灣美術展覽會

可見於陳澄波《帝室博物館》、《蘇州可園》、《松邨夕照》、《初秋》等作的前景之中。然而，值得注意的是，不同於陳澄波作品所呈現出的騷動特質，陳碧女此作則表現出一種寧靜安詳的氛圍。

　　透過以上的討論可知，即使我們嘗試將「女性」在藝術歷史的書寫地位，從「客體」置換至「主體」的位置，然而，此種置換的過程，並非一蹴可及，因為，它往往仍與傳統對於女性身份的期待相互關連。即使如此，我們仍可透過視角的變換，如將女性的身份從「家庭」轉換至「畫壇」，從「妻女」轉換至「畫家」，進而重新檢視女性畫家在藝術史中的意義。

陳澄波　蘇州可園　1942　第五回總督府美術展覽會

陳碧女　眺望遠山　1943　第六回總督府美術展覽會

文人與傳統：中國繪畫傳統的復興

一、國立故宮博物院的成立

　　早期台灣可見到的中國書畫作品，大多是透過地方士紳私人的收藏管道被認識。此類作品，反映了台灣士紳個人的藝術品味及其對中國書畫歷史的認識。1965年國立故宮博物院的成立，使得中國藝術的歷史得以透過清宮的收藏，在台灣以更為公開的形式為世人所知。當然，故宮的成立受到當時冷戰的氛圍影響，即國民黨政府接受美援並透過各種文化教育與交流的活動，突顯當時的台灣乃中國正統的代表。美國的學者高居翰（James Cahill）並將故宮的書畫收藏翻攝成圖版，以利研究之用。而透過舉辦學術研討會、赴美巡迴展覽、各類主題展、及與大學合作開設藝術史課程等規畫，也逐步建構了對於中國藝術歷史更為清晰的理解脈絡。脫離了日本殖民統治後的台灣，也就在如此的時代氛圍之中，開始與中國繪畫傳統重新接軌。

二、　仿古：古典風格的入與出

　　「仿古」，乃是一個觀察繪畫傳統系譜的重要管道。不同於日治時期的美術氛圍，此時的台灣畫壇，開始透過「仿古」的創作實踐，重新認識中國繪畫的古老傳統。在這種氛圍之下，張大千（1899–1983）及溥心畬（1896–1963）的作品，即成為相當重要的觀察對象。

右頁圖
張大千
臨董源江堤晚景圖
1950 《張大千》
青綠設色　絹本

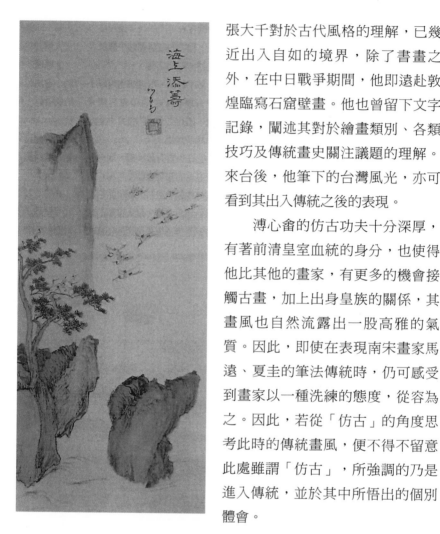

左圖
溥心畬 海上添壽
56×23cm

右頁左圖
傅狷夫
東西橫貫東路一隅

右頁右圖
張穀年
橫貫公路圖 1960
水墨紙本
134×69cm

張大千對於古代風格的理解,已幾近出入自如的境界,除了書畫之外,在中日戰爭期間,他即遠赴敦煌臨寫石窟壁畫。他也曾留下文字記錄,闡述其對於繪畫類別、各類技巧及傳統畫史關注議題的理解。來台後,他筆下的台灣風光,亦可看到其出入傳統之後的表現。

溥心畬的仿古功夫十分深厚,有著前清皇室血統的身分,也使得他比其他的畫家,有更多的機會接觸古畫,加上出身皇族的關係,其畫風也自然流露出一股高雅的氣質。因此,即使在表現南宋畫家馬遠、夏圭的筆法傳統時,仍可感受到畫家以一種洗練的態度,從容為之。因此,若從「仿古」的角度思考此時的傳統畫風,便不得不留意此處雖謂「仿古」,所強調的乃是進入傳統,並於其中所悟出的個別體會。

三、實景寫生:融筆法於自然之中

1949年以後,渡海來台的畫家如黃君璧(1898–1991)、傅狷夫(1910–)及張穀年(1905–1988)等人,雖然對於中國傳統筆墨的技法有相當程度的掌握,但卻也開始以一種「實景寫生」的創作態度,嘗試將中國傳統筆法融入台灣自然景觀之中。儘管這三位畫家皆強調國畫寫生的重要性,且也努力實踐此種創作觀,然而,我們仍可看出其中的不同之處。例如傅申已從畫風的角度,指出其間的差異。他提到

　　黃君璧來台前畫風已經成型，有關台灣山水的創作，可視為是其個人風格的延續；而傅狷夫的雲水及皴法，則是畫家從台灣風光之中悟出而得的，故可謂是「本土化的中國山水情」。

　　至於張穀年雖然仍延用傳統的筆法與風格，但是其對寫生的提倡，仍是不遺餘力的。例如，在他所著的《中國山水畫法圖解》一書中，即提到以水墨寫台灣實景的方法：「譬如寫橫貫公路，要把遊覽時所見的每段風景之特點，逐一把紙筆鉤出大概，以補記憶之不足。

同時把內心的感受記住，例如九曲洞、燕子口之深邃曲折，使人有迫塞之感；太魯閣、長春祠的幽靜明朗，使人襟懷為之一暢，如此成竹在胸，乃始落筆。」的確，張穀年所繪的橫貫公路作品，喜從筆法的表現，勾勒出此處山石宛若鬼斧神工般的趣味。而從其畫面的氛圍營造，也可感受到畫家所欲傳達深邃曲折、迫塞之感。

另外，值得注意的是，當我們在討論實景寫生時，若有相關的圖像可供比較，當能更清楚地看出其中的差異。以橫貫公路為例，一張台灣省橫貫公路通車紀念郵票，或可作為比較的基礎。該郵票乃是以橫貫公路堅硬的天然山石及人工在其中所開鑿的隧道為主題，再由行駛於曲折蜿蜒公路上的汽車，及郵票右上方特別圈示出榮民工作情景，展現出現代化建設中「人定勝天」的價值觀。而回顧歷屆省展的水墨作品，燕子口及九曲洞等路段，也往往成為畫家表現的重點。如此的觀察，說明了一個十分有趣的現象，即當時傳統水墨畫家，如何在其所認知的傳統繪畫語彙之中，選擇足以反映時代精神的表現。而從張穀年的例子可知，南宋馬夏的傳統即是其表現此類題材的最佳選擇。此外，1961年發行的台幣壹圓卷，也可見到蘇花公路的景象，此種取景角度，也多出現在當時的水墨畫作之中。

左圖
橫貫公路通車紀念郵票
1960年5月發行

右圖
臺幣壹圓卷正面
1961年5月發行

四、文人化的指畫山水

　　再者，由於第一批渡海來台的畫家，大多是身兼公職的業餘畫家，因此，其繪畫的品味也較為傾向文人畫的表現。其中，值得注意的是，此種「文人化」的傾向，不僅反映在如山水、蘭竹等題材的選擇上，它更從「內容」滲透到「形式」的表現上。例如，馬壽華文人化的指畫山水，即是一個相當值得觀察的面向。

　　馬壽華（1893-1977）一生服務於司法界六十一年，自幼即展現出對於繪畫的興趣，雖然以公職為其志業，然對於書畫的關注及創作卻始終不曾間斷。他的畫作，表現出濃厚的文人氣質。而有趣的是，其父曾在馬氏幼年時，因對指畫產生興趣，而為其購入劉錫玲指畫四幅屏以供學習，這些指畫作品，應可視為是馬壽華最初的習畫範本。儘管馬壽華選擇以指頭代筆來創作，然而，他的指畫題材及表現形式，仍延續其一貫的文雅畫風。如《寫王阮亭詩意》及《山水圖》等作，皆可看到畫家以中指的指肉，表現出淡墨與濃墨的畫面效果，或者做出如苔點般的趣味。再者，畫家也會以食指刻畫出的不規則線條，強調出一種線性的美感。

　　馬壽華的指畫作品，一改以往如高其佩、陳邦選等指畫家，所呈現出強調指頭快速運動的視覺效果，而代之以較為平緩且自制的方式為之。因此，在馬壽華的指畫作品中，仍可看到畫家對於山石肌理的細節描繪，如輪廓線、陰影面、受光面及濃墨提點等。從馬氏所撰關於指畫歷史的文章佐證，其指畫創作，乃是有自覺地從對於指畫風格

的修正，回應當時復興中華文化的政策。選擇較不受文人青睞的指畫，並將其風格以文人化的形式表現之，或可視為是一種創新式的文化復興方式。

　　本文試圖從一批成長於中國大陸，而於1949年左右來台的水墨畫家作品中，探討於中國大陸時所涵養的水墨畫傳統，如何在台灣接續發展。而從這些畫家的畫作中，我們也得以從水墨與傳統的關係，思考脫離日本之後，台灣與中國歷史的文化連繫。

左圖
馬壽華　寫王阮亭詩意
1968　指畫　130.5×64cm

媒介與思潮：
西潮衝擊下的中國繪畫

一、現代繪畫的思想啟蒙者：李仲生

　　若從思想啟蒙的角度思考中國繪畫在台灣的現代化發展，李仲生（1911-1984）所扮演角色，無疑是相當具有關鍵地位的。李仲生，上海美專、日本大學藝術系、東京前衛美術研究所，及組織上海「決瀾社」、參加日本「二科展」等經歷，使得來台後的他，成為連繫台灣畫壇與中國繪畫現代化的重要橋樑。由中國到日本再至台灣的畫藝歷程，「李仲生經驗」為當時的台灣畫壇，開啟了一扇不同於日治時期，由日本望向西方的視窗。1950年代以後的李仲生，經常透過報章雜誌引介西方藝術思潮，並同時發表自己對於中國藝術在此潮流之下的發展。他關注的課題極廣，舉凡西洋繪畫、歐美日畫壇的動向、乃至中國繪畫的前途等，皆有專文論述。而也由於他的啟迪，一批向他習藝的青年畫家於是組成了「東方畫會」，並致力於探索繪畫的現代表現。

二、思潮：現代化的表徵

　　蕭瓊瑞在《五月與東方》一書中，已清晰地分析了「五月畫會」與「東方畫會」的發展脈絡。而不論是以師大藝術系學生為主的「五月畫會」，或者是以李仲生學生為主的「東方畫會」，皆是觀察戰後台灣，中國美術現代化的重要途徑。「五月畫會」的劉國松，成長於

Chun-Shan
1961

上圖
李仲生
作品519　1961
水彩‧紙
39×28.2cm

戰亂時期的中國，來到台灣進入師大藝術系，始接受正規的美術學校
教育。當時在師大任教的著名日治時期畫家有廖繼春，之後劉國松也
曾看過李石樵的畫展，甚至有機會擔任郭柏川的助理。然而，這些與
日治時期重要畫家的接觸，似乎不曾在劉國松的作品中，留下清晰的
風格軌跡。劉氏的創作觀，反而與同樣來自中國大陸的李仲生，較為
接近。

　　「五月畫會」與「東方畫會」的成立，反映出幾個值得觀察的現
象：第一、日治時期美術學校教育對台灣美術近代化的影響，已逐漸
由新興畫會所取代。例如「五月畫會」及「東方畫會」的成員，多出
自當時師範學校的藝術科系，前者為師範大學藝術系，後者為台北師
範藝術科。然而，不同於出身自美術學校而後赴日留學，且活躍於日
治時期的前輩畫家，這些在戰後來到台灣的大陸青年，來台後雖也在

右圖
李仲生　作品685
墨水‧紙
20.5×14cm

藝術科系就讀，然其對於西方思潮的掌握，卻非透過學校課程的直接
啟發，反而是藉由自組畫會及引介國外畫家的展覽來認識。

　　第二、官方美展已不再是引進西方繪畫觀念的重要管道。日治時

期的官展，如台展及府展的西洋畫部，常常成為我們探討西方繪畫觀念對於台灣美術影響的重要線索，然而如此的現象，卻未延續到戰後的官方美展之中。究其原因，筆者以為，或與當時的繪畫觀念已從注重技法轉移到理念的呈現有關。因此，藝術思潮的表現，乃成為當時台灣畫壇現代化象徵的關鍵所在。而當時新興畫會的成員，大多以此理念實驗各種創作的可能。

　　第三、歷史記憶及生活脈絡的分歧。戰後居住在台灣的本省籍與外省籍畫家，雖同處在相同的時空脈絡之中，然而，卻有著對於歷史時間及生活空間的不同記憶。這些不同的記憶，使得畫家們對於藝術的理解，看法分歧。而「五月畫會」與「東方畫會」即是在此種情境之下，嘗試從融合西方思潮與創作媒介的表現之中，尋找一個新的理想。

三、媒介：融合中西古今的橋樑

　　日治時期的官展，以繪畫的媒介作為畫類的區分，因此有了以膠彩為主的東洋畫部及以油彩為主的西洋畫部。此種以媒介作為區分畫類依據的概念，到了戰後「正統國畫」之爭的論述中，仍可見到。然而如此的理解，卻在「五月」與「東方」等新興畫會的作品中，得到解放。若以創作媒材而言，這批年輕的畫家，並未受到媒材在官展中所可能具有的歷史意義之限制；而是將媒材的使用，放在一個更為廣大的脈絡之中運用。例如，象徵西洋藝術的油彩、畫布、石膏與象徵中國藝術的絹紙、裱紙、水、墨等，皆可同時作為呈現畫家創作理念的媒介。

　　「東方畫會」的蕭勤，擅長以布上水墨、壓克力及漢字、鈐印等媒介，嘗試以抽象的表現手法融合中西。而「五月畫會」的劉國松，更大膽地以石膏、油彩及水墨等媒介，企圖重新詮釋中國如《早春圖》、《赤壁圖》及《廬山高》等歷代名作。除了結合中西的探索之外，劉國松《太空系列》所展現出同時融合中西古今的企圖，亦值得注意。一幅題為《月球漫步》的作品，同時將東方古老的玄思與西方

上圖

劉國松

月球漫步　1969

水墨‧壓克力拼貼

69×85cm

右圖

蕭勤

大方無隅　1961

布上　80×100cm

圖象台灣　87

現代的科技，藉由畫家自創抽離紙筋的技法與象徵文明的照片合成，成功地演繹出中西古今的巧妙融合。由此可知，人類登陸月球一事，並未破壞了「月」在中國傳統文藝中的浪漫情趣，相反地，透過劉國松此作的媒介運用，我們發現登上月球的西方太空人，反而使自己融入了極具東方色彩的物象之中。

四、藝術與時代

李仲生曾在一篇名為「藝術與時代」的文章中提到，所謂「時代性」即是向巴黎看齊，並吸收法國繪畫的優點。然而，他也注意到每個國家皆有其獨自的民族性、土地色彩及古老的歷史，而這些皆與「時代性」有著密不可分的依存關係。因此，不難理解李仲生乃是以一種相當寬容的態度，將東方與西方、現代與傳統共同編織為一張標示著「時代性」的網絡。然而，這個藝術家理想的時代網絡，在真實的台灣社會中，卻又受到當時政治氛圍的影響。例如，第一屆東方畫展的展出，即刻意選擇國父誕辰紀念日這個特殊意義前開展，展出時，畫家為防作品遭人破壞及引來異議份子之災，遂終日駐守會場；又如劉國松也曾在文中，熱切地回應政府當時所推行的中華文化復興運動；而發生在史博館秦松作品的「倒蔣事件」，也讓我們看到了當時台灣畫壇的現代化運動，與政治社會之間的微妙牽動。

本文試圖從一批來自大陸的青年畫家，觀察其在日治時期之後的台灣畫壇的定位。這批青年畫家，在當時選擇了不同於日治時期台灣畫家的寫實傾向，同時也不追隨來台大陸畫家的文人傳統。他們選擇直接地面向西方，走一條同時兼該現代與傳統、東方與西方之路。如此的選擇，確實也為中國水墨在台灣的發展，開創出一片嶄新的氣象。

土地的召喚：
台灣在時間與空間中的省思

一、　風土

　　和辻哲郎（Masako Watsuji，1889-1960），1927年在柏林閱讀了海德格的《存在與時間》受到啟發，因而開始思索人類存在與空間的關係，進而於1929年完成了《風土》一作的初稿。他所理解的「風土」，並非單純地指影響個人生活的自然環境。他更進一步地闡釋，所謂的風土現象，乃是意指人類在自我發現歷程之中的一種方式。因此，風土現象與人類群體的社會結構、生活模式乃至自我認識，皆有著密不可分的關係。

　　他從風土的角度，依地域區分為季風型、沙漠型與牧場型，並以此詮釋不同地域人類文化的發展。在討論屬於季風型的日本及中國等地時，他從此類型自然氣候的變化，進一步分析生活於其間人類思想之特質。而他所分析自然環境與人文景觀互為依存的概念，不禁令筆者聯想到石川欽一郎的文字論述與繪畫表現之特質。

　　身為日治時期台灣西畫的啟蒙導師與台展審查員的石川欽一郎，在其留下的諸多文字史料中，隨處可見其對台灣「風土」的觀察。例如，他曾提到台灣由於位處熱帶，受到自然天候的影響，日照多且潮溼，因此，此地居民的特質較為開朗活潑。此種開朗奔放的特質，表現在建築的樣式上，則如廟宇向上卷曲的屋頂線條及其上所裝飾的多彩交趾燒。再者，若從藝術的表現而言，他認為描繪台灣風光最佳的方式，應以雄壯有力的造形及暖色系的色調為之。石川欽一郎此種從

上圖
林玉山
歸途　1944
彩墨‧紙
154.5×200cm

左頁圖
石川欽一郎
台南赤崁樓
水彩
25×35cm

「自然景觀」、「人文表現」到「藝術造形」一脈而來的思維，正與
和辻哲郎對於「風土」的認知，若合符節。而我們也可以從中得知，
日治時期具有台灣特色的畫作，並非只是殖民主義之下，異國情調的
反映。若從「風土」的面向思之，這些作品，實則包容了當時畫家對
於風土現象與台灣居民認知的意義。

二、　鄉土

　　日治時期的台灣藝術家，也在其作品之中呈現出台灣鄉土的特
色，如黃土水的《水牛群像》、林玉山的《歸途》等。這些作品，往
往以象徵台灣農業社會的鄉土景致，突顯出台灣的地方特色，並表現
出一種閒散、輕鬆的樸質氣息。

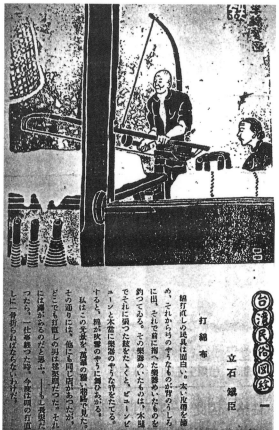

上圖
黃土水
水牛群像　1930
左圖
立石鐵臣
打棉布　1941
右頁圖
朱鳴岡
台灣生活組曲：準備
過年　1947

　　日治末期在皇民化的氛圍之下，由當時在台日人池田敏雄、金關丈夫等人參與發行的《民俗臺灣》，於焉誕生。該刊物以「南方習俗の研究と紹介」為宗旨，以實際訪視及流傳於台灣民間的事物為紀錄對象。其中，立石鐵臣的〈台灣民俗圖繪〉，可說是畫家穿梭於台灣市街巷弄的紀實之作。例如，圖中正在打綿布的男子，即是畫家於萬華某處所見的景象。

　　1940年代，一群來自中國大陸且深受魯迅木刻救國啟發的左翼版畫家，開始從另一個角度，思考台灣鄉

土題材所可能具有的批判性格。因此,一系列以鄉土的生活空間為場
景的木刻版畫,便應運而生。如朱銘岡的《台灣生活組曲》系列,即
是從農村生活的面向,刻畫出如過年、市集、飲食等場景。儘管這些
場景多取自台北地區,然而,畫家並非刻意地去表現城市現代化的一
面,反而是著眼於其中仍可見到來自鄉土的樸素意象。當然,這些木
刻作品中的鄉土意象,並非單純地歌頌樸素的特質;相反地,這些特
質在作品中的呈現,反而令人有一種悲傷之感。此種傷感的氛圍,正
是作為政治批判的木刻版畫之訴求。

　　不同於左翼版畫家社會寫實的批判性格,1950年代,同樣來自中國
大陸的楊英風,進入農復會擔任《豐年》的美編,在這本以「農民之
友,生產之道」為訴求的雜誌中,楊英風筆下的台灣農村,是一幅充
滿著辛勤勞動且和樂詳和的景象。

左圖
朱鳴岡　台灣生活組
曲：朱門外　1946
國立台灣美術館藏

　　1970年代的鄉土題材，透露出的是一股緬懷過往記憶的浪漫情愫。
由於此時受到注意的素人畫家，多為出生且成長在台灣的年長者，他
們大多未曾受過專業的美術教育，因此，日常的生活經驗及過往的記
憶，便成為創作的靈感來源。例如，洪通畫作中的圖像，多反映出來
自生活周遭民間宗教圖騰的記憶。其素人畫家的特質，也成為有別於
專業美術訓練的鄉土印記。然而，以鄉土題材為主的創作，並非只是
素人畫家的專利而已，在七O年代文藝界濃厚的鄉土氛圍裡，許多專
業畫家也嘗試以此題材作畫。其中，席德進不僅創作了許多鄉村風光

的水彩畫作，也為文介紹了不少台灣的古建築。席德進此類以鄉土為題的作品，其內容不僅一改日治時期異國情趣的基調，在形式的表現上，他採用中國水墨的渲染效果，詮釋出台灣鄉間雨后的景致，使得其鄉土畫作，兼具著台灣從日本文化轉向中國文化的時空流轉之歷史感。

三、 本土

楊茂林1989年開始創作的《MADE IN TAIWAN》系列，清楚地看出畫家以台灣歷史發展為主體性的本土思維。畫家從政治、歷史與文化等三個面向，思考曾經在台灣這塊土地上發生或發現的人、事、物。將圖像視為涵蓋歷史意義的藝術創作，八O年代末的吳天章，也以政治人物的肖像，作為批判的媒介。例如，他曾以鄧小平、毛澤東、

下圖
楊茂林
熱蘭遮城紀事
1991
（楊茂林提供）

上圖
楊茂林
熱蘭遮城紀事
1991
（楊茂林提供）

蔣介石、蔣經國等人的肖像，作為不同時期的社會面貌之縮影。以一個強權者的面部表情，說明近代歷史的演變，的確頗能反映出這些極權統治時期的時代特質。而從歷史的縱深，思考台灣的主體意義，則其所可能兼該的內涵當更加豐厚。

　　楊茂林始於1991年的《MADE IN TAIWAN》的歷史篇及之後的紀事篇，乃是嘗試以圖像史料來紀錄台灣的歷史。例如，〈圓山紀事〉乃是以史前時期，台灣北部重要的貝塚遺址為題，試圖從物質的文明與傳說的象徵，反思台灣歷史變遷的面貌；〈熱蘭遮城紀事〉則是以十七世紀台灣南部的台南為場景，並以荷蘭東印度公司將軍的肖像、荷人在台所建的熱蘭遮城及貿易所用的船隻等圖像，標記台灣此段歷史；〈大員紀事〉中出現的清代官員及金門毋忘在莒的石刻，則又呈現出台灣近代歷史與中國的互動牽連。在這一系列如史詩般的作品之中，楊茂林使用藝術語彙—圖像，清楚地向觀者展現台灣歷史多元且

右圖
楊茂林　圓山紀事　1991
（楊茂林提供）

楊茂林　大員紀事　1991　（楊茂林提供）

豐富的內涵。

　　本文試圖從「風土」、「鄉土」及「本土」等幾個與土地有關的語詞，勾勒出近代台灣幾個不同時期中，對於台灣地域的省思。透過以上的探析，我們發現在不同的時間及空間脈絡底下，人類對於土地的思索，著實深切地反映出其所處之時代氛圍與文化情境。

2

多元文化視野的融合

從中國到日本：18世紀至20世紀文人畫在台灣的發展

一、中原式的文人畫—科舉制度視野下的水墨畫

　　台灣於清朝時，始納入中國的版圖。而從乾隆時期，畫工所留下描繪台灣風情紀錄的《番社采風圖》〈社師〉一作中可知，清代對於台灣的統治，十分重視以中國文化教化台灣住民。當時台灣的士紳如板橋林家，也曾延聘來自中原的舉人呂世宜（1784–1859）、葉化成（道光十五年舉人）及謝琯樵（1811–1864）為西席；並珍藏了咸豐進士翁同龢的《萬松疊翠圖》、嘉慶翰林郭尚先的《幽谷芳姿圖》等。[1] 其中，呂世宜及葉化成，皆出自嘉慶進士周凱門下。周凱約1832年來台，其與板橋林家的關係，亦十分密切。因此，僅管當時台灣雖處於中國版圖上遙遠的一隅，然而，「科舉制度」影響下對於「文人」價值的重視，也透過這些「士」的書畫作品流傳到台灣，並對台灣後來的書畫風格，產生了關鍵的影響。

　　身為進士的周凱，在台灣留下了幾幅山水及書法作品。然而，他的山水畫作與其他畫山水的畫家一樣，並未受到台灣畫家太多的青睞。但是，他那運筆稍快且充滿變化的書法作品，似乎更容易令人藉此欣賞中國書畫的美。據說，他的書法作品曾與謝琯樵的竹畫，並列

右頁圖
周凱
富陽水暖山溫圖卷
局部

1　王國璠，《台灣關係一百翰林書畫集》（臺中：台灣省立臺中圖書館，1976），頁4、頁21。

於板橋林家廻廊的牆上。[2]此外，謝琯樵的竹畫對於台灣日後畫竹的畫家，影響深遠。他在1857年的一張作品中，清楚地道出了他對於水墨畫的理解：「文人墨戲有絕去繩尺，漫石成形而生趣盎然者，此乃書家狂草也。」此作中的竹葉與枝幹，雖未盡如畫家所言屬於狂草的表現，然而，畫家仍十分自覺地以書法性的線條，流暢且生動地表現出竹子的樣態。除了強調以書法線條描繪物象之外，謝琯樵也十分注意水墨效果的運用。如在《墨竹冊頁》中，他以飽含水分的毛筆，表現出雨竹「水墨淋漓」的視覺效果。而此

上圖
《番社采風圖》
〈社師〉

左圖
翁同龢　萬松疊翠

2　《丹青憶舊》，（臺北：國立歷史博物館，2003），頁40。

上圖
謝琯樵　墨竹

種以深淺濃淡的墨色變化，表現出雨竹的濕潤感，一方面，反映出此
作乃是畫家雨中所見，而有所感的即興之作；另一方面，也是謝琯樵
區別文人畫與工匠畫的差異所在。一般認為，謝琯樵竹畫的師承，來
自「揚州八怪」的鄭燮（鄭板橋，1693–1765）。Prof. Ledderose曾在Ten
Thousand Things一書中，以「模組」（module）的概念，說明鄭燮大量
製造畫作的現象。[3]然而，謝琯樵卻在畫的題記中，一再提出文人畫應
避免如同工匠依據「繩尺」般地創作。因此，作為象徵文人清雅品味
的謝琯樵作品，在當時台灣收藏者有限的情形之下，似乎較難以具有
市場考量的「模組」概念理解之。

　　從目前留下的作品可以發現，不論是書法或者是水墨畫作，當時

3　Lothar Ledderose, Ten Thousand Things : Module and Mass Production in Chinese Art, （New York : Princeton University,
　　2000）, p.212.

的畫家似乎十分熱衷地追求
運筆的流暢感與水墨淋漓的
效果。例如當時活躍在台灣
的畫家林覺（活動於嘉道年
間），一張名為《蘆鴨》的
無記年作品，所表現出的則
是另一種水墨淋漓的書法
趣味。林覺此作，曾被學
者用來與「揚州八怪」之一
的畫家黃慎做比較。莊素
娥教授指出，林覺此作，不
論是鴨子的姿態、蘆葦乃至
題款的字跡，皆可見到黃慎
的影響。[4] 其實，若比較兩
作對於水草形象的描繪，
當可清楚地看到上述我所指
出的兩個特徵，「運筆的流

上圖
謝琯樵　墨竹　1857
左圖
鄭燮　墨竹
右圖
謝琯樵　墨竹

4　莊素娥，〈揚州八怪對臺灣水墨畫的影響〉，
　　《藝術學》24期（2008.1），頁82。

上圖　黃慎　雙鴨圖

左圖　林覺　蘆鴨

暢感」與「水墨淋漓的效果」。因為，在黃慎的《雙鴨圖》中，水草是被畫家有意識地沿著岸邊的地形布排描繪的。因此，垂直挺立在岸邊的水草，即好像舞台背景一般，襯著前方昂首划水的鴨子。反觀林覺的作品，畫中的蘆葦並非是垂直挺立的。有趣的是，林覺畫中的蘆葦，與其視為水草形象的描摹，不如將其視為幾筆流暢的書法線條來的貼切。在林覺此作中，蘆葦線條所呈現出的運筆趣味及墨色的深淺變化，正好呼應了以乾濕墨色及飛白筆觸所描繪的鴨子形象。此種書法線條與繪畫形象的交融，正反映出清代台灣「以書入畫」的文人畫傾向。

二、日本式的文人畫—帝國殖民情境中的水墨畫

十九世紀末，由於中國甲午戰敗，台灣於是在1895年成為日本的殖民地。再者，又由於1905年科舉制度的廢除，「文人畫」在台灣的發展，有了不同於以往的轉變。本節將以日治時期，在台灣以「文士」自居的日人尾崎秀真（1874-1949）之作品為討論對象，透過其畫作中所反映出的時代風格，探討日治時期，在台的日本文人畫家對於中國

文人筆墨的認識。

日治時期，愛好漢文化的台人及日人，曾舉辦幾個大型的展覽會並出版了展覽會圖錄，如《東寧墨蹟》、《現代台灣書畫大觀》等。在這些現存的圖錄中，可以看到當時展覽會所展出台灣及日本士紳所收藏及認識的中國文人書畫作品。另外，台灣板橋林家的後代林熊光，於1926年出版了《呂世宜、謝琯樵、葉化成三先生遺墨》，在此圖錄中，也可看到尾崎秀真收藏葉化成《枯木竹石》及《山水便面》等作。《枯木竹石》中，不論是枯木的枝枒、竹葉的描繪以及岩石分面的陰影表現，皆使用十分規整的筆墨線條。此作可說是以規矩且不強調變化的線條，表現出物體的形象。至於《山水便面》一作，相較之下，則以物象的描繪為主。因此，此作中的筆墨表現，乃是為了呈現遠景的山巒、中景的水草及前景彎曲枝枒的姿態。若細觀尾崎秀真的作品，我們可以發現，他受到《枯木竹石》一作的啟發更甚於《山水便面》。例如，尾崎秀真《梅》、《蘭》、《松》作，主要即是以規整的筆墨線條，表現出梅蘭松等具有文人風雅趣味的題材。

然而，值得注意的是，尾崎秀真對於筆墨的理解，不同於清代的台灣水墨畫家。除了

左圖
葉化成　枯木竹石
下圖
葉化成　山水便面

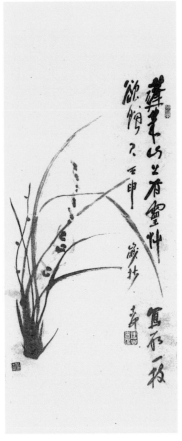

上三圖
尾崎秀真
梅蘭松　1932

右圖
林覺　鴨圖

收藏清代來台的中國水墨畫家之作品外，尾崎秀真也收藏了當時在台灣著名畫家林覺的作品。此作品可見於《東寧墨蹟》之中，並被評為「風韻高致」。若比較尾崎收藏的林覺此作，其與一般台灣人印象中所認識的林覺之作，不盡相同。尾崎收藏的林覺之作，相較之下筆墨的表現顯得較為寧靜，而鴨子形象的描繪上，也少見筆墨變化的豐富性。

　　從尾崎秀真自己的畫作及收藏中可以發現，由於受到日本畫家審美品味的影響，日治時期台灣水墨畫的筆墨表現，有了不同於清代的改變。尾崎秀真1932年所畫的《松》、《蘭》、《梅》等作，顯現出對

於物象本身的興趣更高於筆墨的變化及筆鋒的轉折運用。如《松》、《梅》兩作，即呈現出松幹與梅幹的立體感，至於松葉及梅枝則以工整缺少筆鋒變化的線條來描繪。

　　尾崎秀真雖以中華書畫的愛好者自居，然而，他對於古代風格的繼承似乎不感興趣。在一幅以中國文人傳統題材命名的畫作《雙清圖》中，他頗為自毫地寫著：「我家蘭竹無師法，醉自胸中任手塗。」在這幅作品中，不論是蘭、竹及石的描繪，尾崎秀真皆十分率性且自由地使用毛筆，以之描繪出對象的形象及結構，以致於我們較難在其中發現任何與中國古代風格、甚至是皴法運用的蛛絲馬跡。其實，尾崎秀真的作品，並非個案。身為台展東洋畫部審查委員的木下靜涯（1887-1988）所繪《歲寒三友》一作，竹葉、竹幹、梅花、梅枝、松針等的描繪，亦顯露出自由隨性且具裝飾性的趣味。此種對於筆墨線條的自由詮釋及不重視傳統風格與皴法的法度，或可視為日治時期文人畫的一個特徵。

右圖
木下靜涯
歲寒三友　1922

三、小結

　　綜合以上
的討論，我以為
清代台灣水墨畫
的發展，由於受
到科舉制度下文
人價值觀的影
響，畫作中，仍
可見到相當程度
「以書入畫」
的特徵，即書法
與繪畫交融的表
現，如林覺1833
年的《芭蕉》。
而日治時期，日
籍在台文人所繪
的畫作，如尾崎
秀真的《雙清
圖》、木下靜涯
的《歲寒三友》
等作，則顯現出
較多規整、裝飾
的趣味。因此，
日治時期對於何
謂文人畫的看
法，似乎只能從
毛筆工具的使
用，作為定義的
依據。

文人畫、南畫、東洋畫

　　1911年的辛亥革命，不僅改變了中國的政治歷史，由於清宮書畫的大量散出及流向日本，也改變了中日交流的文化轉向。二十世紀初葉，一個新的文化關係，正在中日之間悄悄的形成。究其原因，可歸納為為有以下三點。其一，由於日本私人藏家對於中國外流古書畫的收藏越來越重視[5]；其二，因為日本學者對於中國繪畫史的書寫逐漸增加，如1901年大村西崖《東洋美術史》、1913年中村不折、小鹿青雲的《支那繪畫史》等；其三，則根於日本對於中國文人畫的關注及著書，如1921年大村西崖《文人畫之復興》、1922年瀧精一《文人畫概論》[6]等。這些因素，皆使得日本在二十世紀初的相關論述，反過來對於中國人理解自身傳統文化產生了關鍵的作用。其中，又以對於「文人畫」的理解，最值得重視。其實，陳師曾對文人畫的提倡，受到日人大村西崖影響，即是一例。當時與文人畫相關的論述，除了大村西崖與瀧精一的著作外，尚有1912年田中豐藏《南畫新論》、1935年青木正兒《南北畫派論》等。由於中日之間對於繪畫的交流，使得雙方的

5　如曾捐贈大阪市立美術館500件作品的阿部氏纖維公司經理，捐贈京都國立博物館200件作品的朝日新聞社社長上野氏，自行創立黑川古文化研究所的證卷經理黑川氏，與建藤井有鄰館的纖維公司創立者藤井氏，捐贈東京國立博物館400件作品的造紙公司經理高島氏，三菱財閥的岩崎氏，創立書道博物館的畫家中村不折等。參古原宏伸，〈近八十年來的中國繪畫史研究的回顧〉，《民國以來國史研究的回顧與展望論文集》（臺北：臺灣大學，1992），頁545。

6　瀧精一此書乃是大正十一年（1922）秋，於東京帝國大學文學部公開演講的筆記。他特別提到當時歐洲已有不少對於文人畫的研究，而他本人也曾在1921年巴黎的美術史會議中，以日本及中國文人畫為題發表演說。參瀧精一，〈序〉，《文人畫概論》（東京：改造社，1922）。

理念逐漸產生對話。「文人畫」與「南畫」的關係，即可由此索解。

　　其實，中國「文人畫」與日本南畫的關係，可追溯至享保、寶曆期間（十八世紀中期左右），中國的文人畫（或稱南畫）即已透過了黃檗繪畫、清人繪畫，[7] 及《芥子園畫傳》、《八種畫譜》、《圖繪寶鑑》等書籍，[8] 輸入日本。1937年俞劍華的《中國繪畫史》也對此段中國畫傳入日本的歷史頗多著墨：

> 及至明末世亂，中土畫家避難至長崎者甚多，畫蹟畫譜，輸出亦夥，於是日本之畫風，為之一新。其中最有勢者為僧逸然，日人從之學者如渡邊秀石，河村蒼芝等，皆卓然成家。其後林羅山、俞立法、僧心越等，均先後挾書畫以渡日。日人北島雪山以學俞畫著名，池大雅以倡導文人畫而成家。於是所謂「南畫」者乃漸盛。其時黃檗宗之僧侶有隱元者，率其徒獨知、獨湛、米庵、即非等渡日，諸僧多能書畫，即非畫羅漢尤為著名，同時戴笠亦避亂渡日，均與日本之繪畫有極大之影響。及至清朝僧大鵬、圓基善寫墨竹，陳賢、范道生善寫佛像，於日本畫史上皆有相當之位置，至雍正間尹孚九、沈銓又往日，於是日本之寫生畫與文人畫乃大盛。[9]

　　日本「文人畫」又稱為「南畫」，實與俞劍華1937年《中國繪畫史》的指涉有關。關於這點，已有多位日本學者提出，此處不再贅言。[10] 就時間點而言，「南畫」尤指明末傳入日本的中國書畫與畫譜。著有《王摩詰》一書的梅澤和軒（即梅澤精一）早在1919年即以《日本南畫史》為書名。該書的第一章從地理與歷史的角度說明何謂「南畫」，並以王維和王洽為主要的討論對象。梅澤和軒對於「南畫」有清楚地定義：一為文人士大夫所繪的作品，二為描繪中國南方的景象

7　河野元昭，〈日本文人畫試論〉，《文人畫と南畫》《國華》第1207期，頁9。另外尚可參楊高美慶，〈文人畫─中日美術關係之探討〉，《日本文人畫》（香港：香港中文大學，1974），頁5─20。

8　中村幸彥，《文人意識の成立》（東京：岩波書店，1959），頁6─7。

9　俞劍華，《中國繪畫史》（上海：商務印書館，1937），頁257─258。

10　俞劍華視日本文人畫為「南畫」的說法，已為多數日本學者引用。如吉澤忠，〈文人畫、南宗畫と日本南畫〉，《南畫と寫生畫》（東京：小學館，1989），頁168；河野元昭，〈日本文人畫試論〉，《國華》第1207號，頁12。

與人物之趣味，三以氣韻與寫意為主的表現。[11]1922年瀧精一在《文人畫概論》中，從廣義與狹義兩個層面解釋「文人畫」，瀧精一認為廣義的「文人畫」即指文人所繪的作品，而狹義的「文人畫」即是指具有流派意味的「南畫」。[12]儘管如此，直到今日，日本的「文人畫」與「南畫」始終被視為同義辭般地使用。[13]

「南畫」在江戶中期傳入日本後，著名的日本南畫家如祇園南海與服部南郭兼善詩文書畫，祇園南海有《南海先生集》傳世。另一位著名的南畫家池大雅，1750年《樂志論圖卷》一作，乃是根據東漢仲長統歌詠隱居生活的《樂志論》所作。該卷的卷首有另一位南畫家柳澤淇園的題字，卷末則有祇園南海所書的《樂志論》全文。[14]

池大雅畫中所繪的宅第，有著磚瓦與茅草組合而成的屋頂，且無門窗掩飾，使得觀者得以對於屋內的擺設，一目了然。屋內的主角，蹺起左腳，右手橫放在桌上，身著寬鬆的開襟長袍，神態自若地倚著長桌。偌大的長桌上，擺著一張琴，其旁尚有書卷、筆筒及香爐等物品。同年，池大雅尚有另一件畫風近似的《高士訪隱圖屏風》，該作人物的帽子、衣裝乃至臉部的特徵，皆與《樂志論圖卷》相似。因此可知，池大雅所繪的兩圖應是描繪同一個人物，而此人物亦是畫家心目中理想的高士形象。值得注意的是，《高士訪隱圖屏風》中高士背後尚有一表現深遠空間的山水屏風，而《樂志論圖卷》主角的背後卻空無一物。儘管如此，《樂志論圖卷》中關於屋外景物的描繪，如屋後的遠山及圍繞其旁的河流，充分地表現出仲長統《樂志論》中「良田廣宅，背山臨流，溝池環匝，竹木周布」之意象。而桌上的擺置與小房間中整齊堆疊於書架上的書籍，也清晰地呈現出「論道講書」，「彈南風之雅操，發清商之妙曲」理想的隱居世界。池大雅此作，展現出他對於傳統經典與書畫關係的熟悉，而這些特色，也使得其作品更接近中國「文人畫」的特質。因此，池大雅也被視為是日本文人畫

11　梅澤精一，《日本南畫史》（東京：東方書院，1929，再版），頁49—51。

12　瀧精一，《文人畫概論》（東京：改造社，1922），頁47—48。

13　古田亮，〈文人畫評價の變遷〉，《日本近現代美術史事典》（東京：東京書籍株式社，2007），頁492。

14　《日本と文人畫》（東京：東京國立博物館，1975），圖46。

上左圖
池大雅　樂志圖卷
局部　1750
日本池大雅美術館藏

上右圖
池大雅
高士訪隱圖屏風
局部　1750
日本池大雅美術館藏

（南畫）的重要畫家。

　　另外一位重要的南畫家與謝蕪村（1716—1783）晚年所作的《夜色樓臺圖》，除了具有詩畫相應的特質外，佐藤康宏的研究指出，此作可謂是江戶時代「雅俗融合」的代表佳作。[15]佐藤康宏認為，江戶時代的文化乃是雅俗並立，其中的「雅」意謂著傳統文化，「俗」則指新興文化。而與謝蕪村此作，描繪的是京都飄雪的夜景。「夜色樓臺」的題名，乃是與謝蕪村從禪僧萬庵原資（1666—1739）秋景詩和春景詩中擷取出來的詩句，並將其作為自己所繪冬景畫的題名。[16]古文辭派以古典的修辭將現實的江戶實景轉換為理想的世界，啟發了與謝蕪村創

15　Sat Yasuhiro, "Classic and Colloquial Urban Views：Yosa Buson's Houses on a Snowy Night", in The History of Painting in East Asia Essays on Scholarly Method（Taipei：Rock Publishing International,, 2008）,pp.132—152.

16　Ibid., p.134.

作了具有文人雅趣的京都實景之作。[17]而此種表現形式，也與蕪村1777年「用俗以脫俗」之言，[18]頗為吻合。因此，從池大雅與與謝蕪村兩人的畫作來看，江戶時期的文人畫發展，確實是值得書寫的一章。

　　明治前期，日本文人畫亦曾經流行一時，梅澤和軒認為其原因有三：一為幕末南畫勢力的延續，二為使日本進入維新時代的幕末志士，本身對詩文及南畫的喜好，三為封建制度的破壞與階級制度的瓦解使得書生的影響力逐漸擴大，造成社會上喜好「文人畫」趣味的趨勢。[19]不過，榮景過後，批評隨之，「文人畫」在明治中期受到非難與挑戰，其因或與費諾羅沙的批評有關。任教於東京帝國大學對日本美術極感興趣的美國人費諾羅沙（Ernest Fenollosa，1853—1908），明治十五年（1882）5月14日在教育博物館的觀書室，對著文部卿福岡孝弟等貴顯紳士數十人以英文進行演講。此次活動是由提倡國粹美術保存論的美術振興團體龍池會主辦。費諾羅沙在演說中，對西方的油畫及中國的文人畫進行批判，並進而提出振興日本畫之論。同年11月，龍池會員大森惟中將其譯文筆記整理後，以《美術真說》為名出版，出

17　Ibid., p.136.

18　與謝蕪村的原文為「俗を離れて俗を用いることだ」，see Satō Yasuhiro, ibid, p.135.

19　梅澤精一，《日本南畫史》（東京：東方書院，1929，再版），頁929—932。

版者為同松尾儀助。[20]值得關心的是，此書除了忠實地呈現費氏對於中國「文人畫」的批評外，也開始出現了「日本畫」一詞。[21]費諾羅沙的主張，在追求「脫亞入歐」積極向西方學習的明治時期，引發了極大的震憾。同年由農商務省開辦的第一回「內國繪畫共進會」，或可視為日本美術國粹主義的具體實踐。[22]因為，從該次的展出可知，他們不僅反對日本接受西洋繪畫，也反對日本江戶時期以來受到中國文人畫影響的畫風。是以該會雖接受中國繪畫的作品，但只給予一區展出。至於對西洋繪畫的態度，則顯得更為嚴峻，甚至在共進會規則第三條明白地拒絕接受西洋繪畫的作品。[23]當然，對於日本本土發展的畫派，則不遺餘力地提倡，如與費諾羅沙關係密切而為其所推崇的日本狩野派，也有一獨立的展區展出。該會展區的分配如下：

第一區 巨勢、宅間、春日、土佐、住吉、光琳派等。
第二區 狩野派。
第三區 支那南北派。
第四區 菱川、宮川、歌川、長谷川派等。
第五區 圓山派。
第六區 其他。[24]

從這個分類中，可以清楚地看到共進會結合當時日本繪畫各流派的企圖，當時擔任參展代表致詞的狩野守貴，即期許不同流派的日本畫家，可以透過此展相互觀摩學習。而該會審查員佐野常民也在〈繪畫共進會審查報告弁言〉中提到，如此的展示，有助於外國人對於「日本畫」的認識。[25]第一回「內國繪畫共進會」的展出，的確令我們

20 瀧悌三，《日本近代美術事件史》（大阪：東方出版社，1993），頁110—163。

21 北澤憲昭，《境界の美術史》（東京：株式　社星雲社，2000），頁156。

22 此時的國粹主義又有兩個潮流，一為國粹的保守派，如明治十二年（1879）成立的龍池會，明治十三年（1880）創設的京都府學校。另一為國粹的進步派，如1885年設立的鑑畫會。浦崎永錫，《日本近代美術發達史（明治篇）》（東京：東京美術，1974），頁88—89。

23 浦崎永錫，《日本近代美術發達史（明治篇）》（東京：東京美術，1974），頁109—110。此現象延續至1884年第二回內國繪畫共進會，1883年傳授西洋美術的工部美術學校亦遭廢校。山梨絵美子、塩谷純，〈1870年代—1900年代美術制度の確立と表現の多樣化〉，《日本近現代美術史事典》（東京：東京書籍株式会社，2007），頁28。

24 北澤憲昭，《境界の美術史》（東京：株式　社星雲社，2000），頁174。

25 北澤憲昭，《境界の美術史》（東京：株式　社星雲社，2000），頁173—175。

得以掌握「日本畫」一詞出現時，其所涵蓋的內容及範圍。因此，對於近代日本畫的發展，此次展覽無疑具有指標性的意義。然而，我們必須指出的事實是，與中國關係密切的繪畫作品，雖僅以一區展出，且同時包括了南北兩派。儘管如此，陳振濂指出，若從展出人數及作品數來看，支那南北派共計有1322人展出2914件作品。此數目與其他各派作品總數1720件相比，足足多出將近一半的量。因此可知，即使在「日本畫」萌芽之際，中國繪畫（尤其是文人畫）仍在日本畫壇上占有相當龐大的份量及影響力。但此現象到了第二回「內國繪畫共進會」時，即有了戲劇性的變化，中國繪畫的數量從第一回的2914件驟減到960件，因此有所謂「文人畫退潮」之說。[26]

此時「文人畫」的勢微，實與岡倉天心的國粹運動有關。岡倉天心於明治十年（1877）進入東京帝國大學就讀，因此結識了1878年應日本文部省之邀赴東京帝國大學講授哲學與經濟學的費諾羅沙。兩人共同研習中國美術的典藉及進行日本古代美術的調查研究，並於明治十七年（1884）組織「鑑畫會」，甚至發起日本美術復興運動。[27]費諾羅沙在《美術真說》中欲提高的「日本畫」理想，日後則由岡倉天心進一步地發揚光大。明治二十二年（1889）東京美術學校成立，由岡倉天心擔任校長一職。此校開創之初，設有繪畫科、彫刻科、圖畫科、建築科等，隨著國粹運動的蓬勃發展，該校也在明治二十九年（1896）設置日本畫科與西洋畫科。1898年岡倉天心辭去校長一職後，即與橋本雅邦、橫山大觀等人創立「日本美術院」。

相較於岡倉天心所代表的國粹進步派，代表國粹保守派的京都府畫學校，由南畫家田能村直入於明治十一年（1878）向京都府知事槙村正直建議設立。該校將繪畫區分為東西南北四宗，東宗指日本寫生畫、大和繪之類，西宗為西洋畫，南宗為「文人畫」，北宗為狩野、雪舟等派。[28]明治二十一年（1888）該校將東宗、南宗與北宗合併為

26 陳振濂，《維新：近代日本藝術觀念的變遷—近代中日藝術史實比較研究》（浙江：浙江古籍出版社，2006），頁323—324。

27 晉介辰，〈費諾羅沙與岡倉天心—開啟近代日本「中國繪畫史」研究的先驅〉，《故宮文物月刊》（臺北：國立故宮博物院）263期（2005.2），頁78—85。

28 浦崎永錫，《日本近代美術發達史浦崎永錫，《日本近代美術發達史（明治篇）》（東京：東京美術，1974），頁127—132。明治篇）》（東京：東京美術，1974），頁127—132。

「東洋畫」，而與「西洋畫」並列為二科制。其實，不論是「日本
畫」或者是「東洋畫」，皆是與「西洋畫」相對而生的名詞。兩者的
不同乃在於「日本畫」是以日本的自我意識為中心所產生的辭彙，而
「東洋畫」則是與日本的擴張與東亞繪畫圈的形成有關。[29]因此，二十
世紀初葉，日本即分別在其殖民地朝鮮與台灣所舉辦的官方美術展覽
會中，設置「東洋畫部」與「西洋畫部」。不過，值得注意的是，
1927年日本在台灣開辦的首屆官展「台灣美術展覽會」（簡稱「台
展」），台灣知名的水墨畫家如蔡雪溪等人的作品，並未入選。入選
者如年輕的陳進、林玉山與郭雪湖等人之作，則是著重細膩與寫生的
表現，此種表現正符合「東洋畫」的風格。因此透過官展及美術學校
的教育，「東洋畫」逐漸取代中國繪畫成為日治時期台灣畫壇的主
流，而「文人畫」（「南畫」）則成為當時在台的日籍長官與台灣士
紳的應酬之作。[30]直到二十世紀中葉，「文人畫」才在國民黨政府復興
中華文化的政策之下，成為「國畫」的代言者，並進而重回畫壇盟主
的地位。

---

29 北澤憲昭，《境界の美術史》（東京：株式 社星雲社，2000），頁185—196。

30 日本的「文人畫」在二十世紀初葉，曾被視為具有東方傾向的現代特徵，此論述與大村西崖及陳師曾對於「文人畫」的討論
有關。參Aida Yuen Wong，Parting the Mists：Discovering Japan and the Rise of National-Style Painting in Modern China，
（Honolulu：University of Hawaii Press, 2006），p.55-76。

水墨與傳統：1960年代台灣的文化中國語境

一、一個畫史的觀察

　　傳統，對於中國繪畫史的研究而言，始終是一個倍受矚目的課題。對於中國畫家而言，選擇何種傳統作為認同的對象，更有著標示自己身分的重要意義。畫家畫風的傳統，在九世紀張彥遠的《歷代名畫記》中，乃是以「師資傳授」的概念被闡述：

> 自古論畫者，以顧生之跡天然絕倫，評者不敢一二。余見顧生評論魏晉畫人，深自推挹衛協，即知衛不下于顧矣。只知狸骨之方，右軍嘆重，龍頭之畫，謝赫推高，名賢許可豈肯容易，後之淺俗安能察之。詳觀謝赫評量最為允愜，姚李品藻有所未安。李駁謝云，衛不合在顧之上，全是不知根本，良可於悒。只如晉室過江，王廙書畫為第一，書為右軍之法，畫為明帝之師。今言書畫一向吠聲，但推逸少明帝而重平南。如此之類至多，聊且舉其一二。若不知師資傳授，則未可議乎畫。今粗陳大略云：至如晉明帝師于王廙，衛協師于曹不興，顧愷之張墨荀勗師于衛協，••••各有師資，遞相仿效。或自開戶牖，或未及門　，或青出于藍，或冰寒于水。似類之間，精粗有別。[31]

31　張彥遠，〈敘師資傳授南北時代〉，《歷代名畫記》，收錄於盧輔聖編，《中國書畫全書》（上海：上海書畫出版社，1992），頁125—126。

「不知師資傳授，則未可議乎畫」的概念，在中國繪畫的發展中，不僅代表著中國書畫評論家的論述依據；若從作為一門藝術歷史的觀點言之，「師資傳授」所透顯的「系譜」脈絡，更清楚地說明了中國繪畫史的獨特性所在。[32]然而，隨著中國與國際關係的日益頻繁，中國的國際地位，也因滿清腐敗的政治，而日漸勢微。原本維繫中國人價值觀的傳統及文化，也成為激進改革分子嚴厲批判的對象。對於這些改革分子而言，西方及日本的強大，乃歸因於進步的科學及實證的精神；中國的衰敗，則是受到陳陳相因的陋習所累，及缺乏智學的思維與實用主義所致。由於受到曾為中國朝貢國的日本，在明治維新之後興盛的激勵，「向西方學習」或「到西方去」的口號，似乎成為中國富強的唯一途徑。[33]政治上救亡圖存的使命感，也蔓延到藝術的領域。曾經留學法國，回國後任北京藝專校長的徐悲鴻，曾經悲憤地提到：

> 中國畫學之頹敗，至今日已極矣。凡世界文明理無退化，獨中國之畫在今日，比二十年前退五十步，三百年前退五百步，五百年前退四百步，⋯民族之不振可慨也夫！夫何故而使畫學如此其頹壞耶？曰惟守舊，曰惟失其學術獨立之地位。⋯故吾性之何近，輒近于何作之古人。多觀摹其作物以資考助，固為進化不易之步驟。若妄自暴棄，甘屈屈陳人之下，名曰某派，則可恥熟甚。[34]

　　徐悲鴻認為中國畫的一蹶不振，乃在於畫家對於傳統畫派的過度重視；他提出以實物實景的寫生，改良中國畫從範本學習的弊病。因此，我們不難理解，徐氏在批判中國傳統繪畫時，畫家所師承的宗派，乃至於透過畫譜，所學習的古代風格，皆成為妨礙現代中國繪畫進步的罪魁禍首。此種視繪畫「傳統」為阻礙畫史進步的見解，也成為「五四運動」時期的普遍認知。在狂熱追求西方科學的氛圍裡，一股與傳統文人趣味迥異的寫實畫風，開始隨著西化的時代脈動，挑戰

32　方聞，〈中國藝術何以是歷史〉，《當代》，191期。

33　有關二十世紀知識份子與社會思潮的討論，參王汎森，《中國近代思想與學術系譜》，（臺北：聯經出版，2003）。

34　徐悲鴻，〈中國畫改良論〉，《繪學雜誌》，第一期，1920年。

自董其昌以來，重視筆墨的文人畫傳統。

　　然而，五四時期對於傳統派繪畫的否定，只是二十世紀早期，對待「傳統」態度的一個寫照。傳統派並未因此而消聲匿跡。值得觀察的是，此時期對於傳統的否定，雖與國家政治權力的不彰有關。然而，到了二十世紀中葉，傳統派繪畫卻在國民黨政府統治下的台灣，以一種肩附著復興民族的姿態，一躍成為文化的主流。[35]

　　二十世紀中葉，國民黨政府對於傳統國畫的提倡，有其政治政策的考量。[36]國民黨政府在台灣推行「復興中華文化」的策略，一方面，突顯台灣與中國的「民族」連繫；一方面也強調了中國的正統在台灣。台灣在甲午戰爭之後，由日本統治了五十年。在這五十年之間，台灣美術的發展，有了嶄新的面貌。1927年，日本在台灣開辦了首屆官方的美術展覽會之後，台灣畫壇即以「西洋畫」及「東洋畫」兩支為發展主流。日本殖民政府，也就是當時台灣主流文化的操縱者，除了透過官展的形式，影響台灣美術現代化的進程；另一方面，也透過官方的《台灣日日新報》，建構其美術的品味。有關報紙、雜誌、小說等印刷文化對於近代中國的影響，已引起學者在思考中國現代化課題時的深刻關注。[37]而在台灣美術的現代化過程之中，我們發現，日本在台發行的官方報紙也扮演著推波助瀾的作用。[38]

　　如前文所言，日據時期台灣繪畫的發展，由於受到日本官方美術展覽會制度的深刻影響，而使得西洋畫與東洋畫兩種畫類，成為台灣畫壇的主流。其中，所謂的東洋畫，多為日本流行的膠彩畫。雖然，台展的日籍審查員松林桂月，基於提倡「台灣地方色彩」的考量，而呼籲台灣畫家以表現個性的南畫，尤其是水墨畫的作品參加東洋畫的展覽；[39]然而身為日本南畫巨匠的松林桂月，其理想的東洋畫可說是擷

35　關於傳統中國文化的價值與現代社會變遷的討論，參余英時，《知識人與中國文化的價值》，（臺北：時報出版，2007）。

36　有關中國繪畫與政治的討論，可參Susan Bush, The Chinese Literati on Painting—Su Shih (1037-1101) to Tung Ch'i-ch'ang (1555-1636), (Cambridge：Harvard University Press, 1971)；Jerome Silbergeld, "Chinese Painting Studies in the West：A State-of-the-Field Article", The Journal of Asian Studies, vol.46,no.4 (1987).

37　李歐梵，〈印刷文化與現代性建構〉，《上海摩登——種新都市文化在中國》，（北京：北京大學出版社，2001），頁53–96。

38　邱琳婷，《1927年臺展研究-以臺灣日日新報前後資料為主》，國立臺北藝術大學美術史研究所碩士論文，1998年。

39　《臺灣日日新報》昭和4年（1929年）11月15日三版。

取了中國、台灣、日本的要
素,但仍然以日本為中心取
向。[40]因此,中國水墨畫在台
灣的發展,直到國民黨政府來
台後,才又見高峰。

　　這些在1949年前後,渡海
來台的大陸畫家,雖然也親身
經歷了對日抗戰與國共分裂,
而選擇隨國民黨政府來台避
居,然而其性格及畫風,卻不
同於中國以往遺民畫家般地激
烈。且在作品的題材選擇上,
出現大量以思念故鄉為主的創
作。[41]如七友畫會中的劉延濤
1960年所畫的《故國青山夢》
一作,即題著:「青山不老畫
屏新,故國春風入夢真,一
棹夷猶君莫羨,當年我亦畫
中人。滿紙幽憤,一片離騷。
可云不計其工拙也。」另外,
鄭曼青也在1969年,有感於大
陸的淪陷,而作了《中土洪
流》。除此之外,這些大陸來
台的畫家,也在多次遊歷台灣
名勝風景之後,將汲自傳統的
養分與遊覽經驗融合於筆端,

上圖
鄭曼青　中土洪流
1969　水墨、紙本
131.2×60.9cm

40　廖瑾瑗,〈臺展東洋部與「地方色彩」〉,《臺灣美術百年回顧學術研討會論文集》,(臺中:國立臺灣美術館,2001),
　　頁49。

41　王耀庭,〈原鄉的風格・戀鄉的題材─近百年中原水墨畫與臺灣之關係〉,《新方向、新精神─新世紀臺灣水墨畫發展學術研
　　討會論文集:兼論傅狷夫先生書畫傑出成就》,(臺北:臺北國立歷史博物館,1999),頁93。

留下為數不少的紀遊山水之作。如七友畫會中張穀年《碧潭泛舟》、馬壽華《春滿陽明》等作。

　　隨著國民黨政府渡海來台，而在1955年組成的七友畫會，由於其藝術表現，符合中國傳統社會與政府文化政策和教育的需要，因此受到國民黨政府極力的支持。[42]蔣宋美齡，亦曾向七友之一的鄭曼青拜師學藝。七友畫會的成員除了鄭曼青之外，尚有馬壽華、陶芸樓、劉延濤、張穀年、高逸鴻、陳方等人。[43]這七人在台灣的生活型態，頗似中國傳統的文人。他們皆有公職在身，繪畫乃是業餘時，修養身性的嗜好。雖然他們也經常舉辦展覽，但是展出之作卻非待價而沽。畫展，對七友及國民黨政府而言，乃是為了向曾受日本殖民的台灣人及國際社會宣揚，實行中華文化的台灣，才是中國政權的正統。

二、 文化的宣傳與傳統的建構

1.當權者的文化品味：蔣宋美齡

　　一位曾經擔任宋美齡家庭護士的C小姐，如此描述宋美齡士林官邸的書房：

> 穿過一道簾子，就是宋美齡的書房。她的書房有兩幅畫，深深地吸引著我，一幅是國畫，一幅是西畫，國畫畫的是全副戎裝的香妃圖，西畫是少女讀書圖，后來我幾經玩味，才想出其中的道理。我覺得宋美齡掛的這兩幅畫是寓意良深的，少女讀書圖象徵著她的好學，香妃其實是清朝的畫作，描寫一位西域女武人。宋美齡掛這兩幅畫，充分反映了她自我的期許。宋美齡真切地希望自己是一個允文允武、德業兼修，有時代使命感的婦女。從她過去的功業看來，她的確不負自己的期望。[44]

　　C小姐記憶中掛在宋美齡書房的國畫《香妃圖》，嚴格說起

42　林永發，《七友畫會及其藝術之研究》，（臺北：國立歷史博物館，1997），頁13。

43　鄭曼青曾為國大代表，馬壽華曾任臺灣省政委員兼物調會主委，陶芸樓仟職臺灣省文獻委員會委員，劉延濤任監察委員，張穀年曾任中國文化大學及政戰學校教授，高逸鴻為中國文化大學教授，陳方被聘為國策顧問。同前註，頁64。

44　劉毅政編著，《宋美齡評傳》，（北京：華文出版社，2000），頁311

右圖
馬壽華
春滿陽明　1975

來，並不是一般所認知以水墨為主的國畫創作。此作中的女子，是否即是來自回部，體有異香，且為乾隆皇帝所寵愛的香妃，至今仍成為歷史學者討論的公案。但是從這幅故宮罕見的油畫像，畫家以油畫的技巧，細膩地表達出女子身上盔甲的金屬感可知，此作的繪畫風格，的確與中國傳統的水墨畫趣味迥異。[45]因此，這幅畫作，在宋氏書房出現的意義，除了作為宋氏對自我「允文允武」期許的象徵之外，我們也發現她在選擇認同對象時，傾向於選擇受到西風影響的中國畫作。例如，這幅《香妃圖》，由於其技法的展現，主要是以物質肌理感的寫實考量為主，而異於傳統筆墨的抒發。因此，在中國繪畫史的脈絡中，不論是從繪畫的技法，或者是主題的選擇言之，此作的外來性格更甚於傳統對它的影響。而以宋美齡曾經長期浸潤於西方世界的經歷，不難想像，這類有著濃厚西方風格的中國畫作，的確較其他的傳統畫作，更容易受到她的青睞。

　　書房，作為私人活動的領域，而非向公眾展示的空間，它透露了更多個人品味的真實線索。透過C小姐的眼，我們看到了宋美齡在選擇書房牆上的擺設時，雖然也考量以國畫作品作為自我認同的媒介，然而西方物質文明的視覺效果（如《香妃圖》中，女子身上所穿閃閃發亮的金屬盔甲），想必深深地吸引了宋美齡的目光。《香妃圖》的出現，除了說明宋美齡對於以油畫描繪清宮后妃的興趣之外，它也意味著宋美齡的文化品味是多元的。因此，在這個多元品味的背後，中西繪畫的界線也逐漸模糊。然而，這個私領域的文化品味，並未延伸至公領域的展示場。相反地，在公開的場合中，宋美齡極力塑造自己相當傳統的形象，不論是衣著乃至照片中出現的背景畫作。

　　其實，早年在國外接受西方教育的宋美齡，不僅親自見證了西方的進步與文明，更養成了開放的視野及世界觀。她個人的西方經歷，亦對國民黨政府的現代化產生相當的影響。其中最值得注意的即是國際宣傳與尋求外援兩個部分。其中，中華文化在國際宣傳的部分，占有十分重要的地位。中年後，宋美齡對於國畫的熱衷，即成為其國際

45　臺北故宮博物院編，《乾隆皇帝的文化大業》，（臺北：臺北故宮博物院，2002），頁31。

宣傳中自我形象的展現。

　　當國民黨政府退守台灣，欲以復興中華文化來形塑中國正統的地位時，蔣宋美齡展現出對中國傳統水墨畫的高度興趣，她並身體立行地開始拜師習畫。她向渡海來台的大陸畫家黃君璧、鄭曼青學習傳統水墨畫，所畫的題材多為竹石、山水、花卉等。以下的一段記載可以清楚地看到她對於傳統古畫的狂熱：

> 五十年代初期，宋美齡對畫痴迷到極點。那時，由北平故宮博物院運到台灣的寶物，全部暫存在台中霧峰。宋美齡知道在霧峰有不少古畫，她三天兩頭就往台中跑，目的就是要到台中看畫。以她的地位和權勢，當然要看什麼寶物就看什麼。宋美齡對別的東西的興趣倒不是太高，惟獨對古畫興趣濃厚。所以，每次她到台中，便直奔霧峰。到了以后，故宮人員知道宋的興趣，一批一批把庫中的古畫搬出來，毫無條件地供宋美齡觀賞。[46]

　　蔣宋美齡對於傳統古畫的熱愛，很快地成為台灣向國際宣傳中華文化的利器。在第27及28期合刊，慶祝蔣中正七秩華誕的《中華畫報》中，刊載了一幀「蔣總統伉儷欣賞古畫（黃君璧亦同行）」的照片，為了達到向國際宣傳的效果，照片下方以英文寫著：The First Couple Relishing An Old Chinese Painting。照片中，蔣宋美齡穿著一襲深色旗袍，專注地欣賞著一幅長卷山水，此幅滿佈題記的水墨山水，的確頗能襯托出蔣宋美齡的專注神情。因為，照片中蔣與宋所觀賞的長卷山水，並非是從卷首至卷尾一次攤開地於玻璃櫃中陳列展示，而是由專人為其展卷至適當的長度，隨著觀者閱讀題記及觀摹山水筆法的視線移動，長卷也隨之一收一放。蔣宋美齡理想的中華文化，或許如此幀照片所透露的訊息，是一種蘊涵著文人意識的詩畫山水，而這種文化傳統的悠久歷史，正如同長卷的觀賞過程，給予觀者一種未曾間斷的連續感。

　　除了展示觀賞古畫的情景之外，蔣宋美齡也不忘同時炫耀自己的

46　劉毅政編著，前引書，頁323。

圖象台灣　　125

國畫作品。同期的《中華畫報》，亦刊登了一幀「作畫中的蔣夫人」
照片。從該照的英文說明：Mme. Chiang Painting at Her Leisure Moment，
可知，繪畫成為蔣宋美齡休閒生活的重心，在此她所欲傳達的訊息，
乃是中華文化已成為自己生活一面的寫照。然而這種生活的寫照，並
非是當時一般台灣民眾的縮影，反而更像是當權者高級品味的展示。
再者，從該照背景中所陳列文人式的山水及竹畫作品，蔣宋美齡已清
楚地告訴觀者她所認同的文化傳統，乃是以水墨為主的傳統畫作。這
些以聊聊數筆及苔點勾勒而成的山水樹石，正是她欲透過畫作所建構
的中華傳統。而這個延續了中國文人繪畫的「胸中丘壑」，也成為她
意欲向國際展示中國傳統繪畫的面貌：

　　六十年代，宋美齡的畫已經臻致圓熟，連總統府內蔣介石的辦公室
都到處掛滿了宋美齡的畫作。當然，在重要慶典的時候，宋美齡更是交待
總統府有關部門，要把她的畫作掛在蔣介石會見賓客的地方，讓國內外

賓客都知道蔣介石有個會畫中國傳統畫的太太。[47]蔣宋美齡對於中國傳統繪畫的熱衷，除了有自我才藝誇耀的成分之外，若從當時的歷史情境思之，實則蘊藏著台灣在全球化的過程之中，對於自我定位及形象的自主詮釋。而這個改變，正突顯了日本殖民時代，台灣的形象乃是被動地捲入日本「皇民化」及「東亞共榮圈」的論述之中，即使在美術的發展上，也因官展的設立而與日本產生密切的關連。因此，當國民黨政府接收台灣之後，中國傳統文化的推動，也隨之成為當權者統治台灣的重要政策。

2.文化的宣傳

《良友》的主編馬國亮曾在抗日期間帶著一份《今日中國》的編輯計畫，從香港來到漢口，希望得到國民黨的贊助，此計畫乃是為了針對日本以「聖戰」及「建設東亞共榮圈」混淆國際視聽所作的反擊，他並翼望外國在了解實情之後，能夠進一步給予中國更多的援助。馬國亮在一次參觀保育院的安排中，有機會親自見到蔣宋美齡，他向她提到了這個計畫，他說：

> 當蔣夫人問我有什麼要求的時候，我靈機一動，想起蔣夫人向來對國際宣傳十分注重，而且也身體力行。我們這個計畫也許她能助一臂之力。因此我立刻把這個計畫向她簡要地說出。她很認真地聽完以後，就對我說，對外宣傳我國的抗戰是一件很重要的事情。她認為我們的想法很好，她一定要協助實現。[48]

不久後，良友公司雖因內部的分裂及停業，而未能實現該計畫，但國民黨軍委會政治部隨後即指派葉淺予赴港，主持以政治部為名出版的對外宣傳畫報，其刊名亦為《今日中國》。從馬國亮對蔣宋美齡的描述，及該計畫隨後由國民黨接續實踐的情形來看，蔣宋美齡對於國際宣傳的重視，可視為國民黨對外形塑自我形象時，所具有的自主性及對發言權的掌控。而採用畫報的形式，無疑是最佳的選擇。因為

---

47 劉毅政編著，前引書，頁322。

48 馬國亮，《良友憶舊：一家畫報與一個時代》，（臺北：正中書局，2002），頁280。

透過照片圖像的展現，不僅可以突破語言的隔閡，更具有相當的真實感及說服力。因此，從宣傳的效果而言，以照片圖像為主的畫報，可說是最佳的宣傳工具。

例如，以圖像為編排重心的《中華畫報》，曾出版《中國名畫百幅專輯》、《中國歷代書法選輯》、《歷史文物專輯》等特刊，透過龐大的圖像照片及英譯，《中華畫報》的確從內容及形式上，落實了文化宣傳的作用。為了考量海外銷售的市場，該刊也在香港設有兩處海外總經銷站：集成圖書公司及友聯書報發行公司。

3.傳統的建構

在二十世紀全球化風潮的席捲下，「創造傳統」實與「民族國家」的建立緊緊相扣。而國民黨政府在台灣所欲建構的中華文化傳統，也與近代民族國家的課題習習相關。所謂「創造傳統」，乃是指這些看似歷史悠久的「傳統」，其實是十九世紀末到二十世紀時期的產物，而且值得注意的是，這些源自於近期的古老傳統多數是人為創造的。因此，有學者更進一步認為：「創造傳統是一系列的實踐，通常是被公開或心照不宣的規定控制，具有儀式性或象徵性的本質。它透過不斷地重複，試圖灌輸大眾特定的價值觀與行為規範，以便自然而然地暗示：這項傳統與過去的事物有關。」[49]所以，國民黨政府在台灣所推動的傳統文化，即是希望透過傳統的建構，向世界宣告台灣乃是一個民族國家。

1957年3月第47期的《中華畫報》中，蔣宋美齡的國畫老師也是七友畫會成員之一的鄭曼青，以其繪畫的成就，及兼善傳統醫術拳術的特質，成為該期的主角。該期並因此命名為「鄭曼青先生名書畫欣賞特輯」，又將其所畫松竹梅《歲寒三友圖》的水墨作品，作為封面。該輯中，有李煥桑為其所撰的〈曼髯傳〉（英譯為：Cheng Man—ching，A Versatile Artist），及張其昀作的〈鄭曼青先生名畫欣賞會序

49　英國左派史家霍布斯邦（E.J.Hobsbawm）在研究英國王室公開的慶典儀式時，曾經提出了這些看似古老的傳統，實際上多為近代的產物。E.J.Hobsbawm,ed.,The Invention of Tradition，Cambridge University Press，1983；本處引文見中譯本《被發明的傳統》，（臺北：貓頭鷹出版社，2002），頁11。

言〉，這兩篇文章皆是採中英文對照的格式編排，前者更附上一張鄭曼青半身像的近照。另外，在刊底也展示鄭曼青身著長袍提筆作畫的神態。該刊並將畫家即將於美術節於國立台灣藝術館展出的所有書畫作品目錄，以中英文的形式一一刊出。當然，七友畫會的其他成員如陶芸樓、劉延濤等人亦為文介紹鄭曼青的書畫藝術。在這期的文章中，值得觀察的是，張相所撰〈美術節與國畫〉一文，這篇文章中，作者有意識地揭露了執政當局透過節日的象徵及儀式性，建構傳統的企圖。該文中提到：

> 本年美術節，教育部當局，為提高國畫，敦請曼青檢出佳作數十幀，特闢一室獨展，胥非賣品，祇供觀摩，意至善也，蓋以遷台以還，展覽書畫者，月有數起，老手固多，佳作亦夥，間有特達之士，聰明天賦，一學即成，裝潢展出，標價待沽，定件者，衡度交情，致餽多金，作品之本身，非所計也，假藝術而有他圖，風斯下矣，宜乎東方美術寶座，被日本奪去，久假不歸，歐美各國，祇知有日本，而不知有中國也。當局之意，欲將佳作，介紹國人，示以繪事成就，除天賦聰穎外，必須有數十年鑽研，加以學識修養，副以題詠法書，始能超逸，古人以詩書畫均佳者為三絕，合則盡善盡美，分為一藝之長，未可以宜人也，曼青之藝，三者均佳，宜將其作品，向國際宣傳，使人省識東方美術，原在中國。[50]

透過美術節所呈現出的傳統，乃是企圖以中國傳統的國畫，與日本競爭東方美術寶座的地位。為了與日本美術穠麗色彩及裝飾趣味有所區分，選擇以未加設色的水墨所展現的文人意境，在視覺效果上，的確與日本美術相異其趣。而文人畫所象徵的學養及詩書畫合一的特質，亦充分地突顯出中國傳統的美術，實涵容了畫家品格與知識的豐富特質。中國藝術的此種特質，成為執政者欲向西方世界宣傳的重點所在。

---

50 張相，〈美術節與國畫〉，《中華畫報》，第47期，1957年3月，頁9。

我們可以觀察幾件鄭曼青展出的畫作及其英譯，即可清楚地看到這個企圖。一件鄭曼青自太平山歸後所作的《柏忠精》，畫的是一株自右側斜出的柏樹，從該作簡短的文字記錄推測，此顆柏樹，極有可能是畫家在遊歷太平山所見的印象。然而，十分有趣的是，雖然畫面隨興寫下的文字記錄，透露了此作為畫家所見的實景印象；然而，當畫家在替此作命名時，卻賦予了這顆柏樹「人格化」的意涵。而這個「人格化」的寓意也在英譯中清楚被陳述：Durable Cedar—distinguished for its virtues of consistency，fragrance and "loyalty"。另一幅描繪《嚴灘》的畫作，其山水所在

地的歷史典故，也成為英譯的重點所在：Yen Tze—ling's Shoal:A fishing resort of the hermit Yen to avoid his old pal Emperor Kwang Wu, founder of the Eastern Han Dynasty。鄭曼青此作仍是以山水為主，並不對典故象徵的釣台與漁夫特別強調，但是透過英譯，卻清楚地告訴觀者，嚴子陵釣台，乃是嚴氏婉拒東漢光武帝出仕的隱居之所。

不論是以「忠君」思想表現君臣關係的《柏忠精》，或者是傳統文人常畫的《嚴灘》主題，皆反映出畫家對於傳統題材的熟悉。除此之外，傳統的山水圖像，也在傳統的建構中，扮演著重要的角色。

三、傳統圖像與台灣紀遊

1.走進傳統

著名的藝術史學者鞏布里希（E.H.Gombrich），曾從知覺心理學找到證據，證明了一個事實：一個未曾接受過訓練的人，即使擁有很高的天賦，若無傳統的支持，也無法成功地再現自然。[51]這個看法，除了影響他思索「為什麼藝術有一部歷史」之外，同時，也說明了「傳統」對於畫家創作過程的重要性。換句話說，當畫家在提筆作畫時，其腦中所熟悉的技法，將會對眼睛所見的形象進行剪裁，因此，我們可以說，畫面的最終呈現，與其說是畫家之眼的忠實對應，無寧說是受制於傳統技法的訓練。

美術與傳統的關係，是如此地緊緊相繫。在中國畫史裡，後代的畫家，更透過前輩大師畫譜的指引，或在書齋中反覆地臨摹古畫，藉此學習傳統的技法。七友畫會中的陶芸樓，1947年應林熊祥之邀來台後，即定居在基隆雙葉町的船越別館。陶氏來台所畫的山水之作，總可以在山石林木之中，見到幾間數筆勾勒而成的草堂。例如《草堂讀經圖》，一幅仿明代畫家的山水畫作。前景有一臨水的低矮平台，平台上數株松樹合抱著一間草堂，草堂中一位文士正倚窗展卷讀之。一條小橋連接到對岸的坡石，順著坡石的蜿蜒，一座主峰堂堂而立，近

---

51 E. H. Gombrich, The Sense of Order,London: Phaidon Press, 1979,p. 210.

峰頂處，清晰可見一聳立之平台。如此的構圖，令人想起了中國文人畫中常見的草堂、小橋、平台等母題。該作的題記寫著：「年來何事是良圖，門對青山眼不孤，自笑雄心猶未已，草堂鎮日讀陰符。儗董玄宰。陶芸樓并句。」畫家雖自言此乃儗董其昌之作，然而除了勾勒沿著山石而立，樹叢樹葉的平行筆法，可看出受到董其昌樸拙的創作觀影響外，不論在山石的描繪、淺絳色彩的使用、草堂人物的表現上，皆可看到文徵明《雨餘春樹圖》畫風的承襲。

來台後的陶芸樓，不僅時常參與臺灣詩社的活動，就連繪畫的題材，也多選擇象徵文人閒居讀書的「草堂」為主。在這類以「草堂」為題的作品中，陶芸樓並非是為了「寫實」的目的而繪，相反地，「草堂」似乎成為一個「寓意」的媒介，透過它，陶芸樓得以進入傳統文人畫家的筆墨境界。例如，陶氏在《山煙草堂》一作中，即可見到以清代王原祁結組山石的概念，運明代董其昌的筆墨，表現出元代

年來何事是良圖門對
青山眼不孤俏笑雄心猶
未巳草堂鎮日讀陰符
擬董玄宰 陶芸樓並句

左頁圖
陶芸樓
山煙草堂 1958

右圖
陶芸樓
草堂讀經圖

圖象台灣　133

陶芸樓　雲水山石　1963　水墨・紙本　61.5×44.5cm

年來涤诗
卷弄弄入
草草墨
觀于至先生
丁年六月芸堂

陶芸樓　荷香草堂　1961　水墨設色・紙本　65×28cm

畫家黃公望「草木華滋」的山水形象。

此外，七友畫會中的陳方及張穀年等人，也自行出版了竹譜、畫譜，以供後學臨摹。《芷町竹譜》是由陳方授意，羅尚先生撰述，其中對於畫竹的技法，如竿、節、枝、葉的表現，多有示範說明。至於張穀年，則出版了《中國山水畫法圖解》一書，其中，對於歷代山石皴法的畫法，則有詳盡的圖說。

2.台灣紀行

台灣與大陸僅一水之隔，橫渡台灣海峽，可說是大陸來台畫家的第一印象。而從台灣的觀點視之，這些大陸來台的人士，即被冠以「渡海來台」之稱。劉延濤曾畫了一幅《渡海來客圖》，其題記為：

「同是渡海來，何分後與先。北山老人劉延濤感懷之作。」的確，台灣島上的居民，有許多也是早期從大陸移居來台的。然而，由於近代中國的動亂，使得大陸與台灣兩地，遭逢了不一樣的歷史命運。因此，當兩地人民在二十世紀中葉相逢時，除了從遠古歷史的溯源，找到共同的身份印記之外，老實說，其現世的歷史記憶，卻是大相逕庭。然而，這個問題，很快地在統治者強力「復興傳統文化」的政策推動中，得到一致努力的方向。但是，對於曾活躍於日據時代的台灣畫家而言，「傳統」，則是與其生長的日本時代之影響有關。如曾為台展三少年的郭雪湖，雖在第一屆台展時，以傳統山水畫

海羅山立傾盆雨撼巷鶩
心記昔年萬戶千村生意
足始知人力可迴天
毅卒克生八七水災困憝當日洪災

上圖
郭雪湖
圓山附近　1928
膠彩・絹本
91×182cm

下圖
張毅年
八七水災圖　局部
1959

《松壑飛泉圖》入選。然隔年，當他在思索參展之作時，上山滿之進「美術為環境之反映」的一番話，促使郭決定放棄《松壑飛泉》的傳統題材，而選擇以台灣景象入畫。再者，鄉原古統於第一屆台展，展出的《南薰綽約》（三連作），其細密寫實的作風，也深深地印在郭的腦海裡。[52]因此，郭雪湖在第二屆台展時，即以圓山附近的寫生之作參展，並獲得特選的榮譽。

52 林柏亭，〈典雅與鄉土兼融─郭雪湖的膠彩世界〉，《臺灣美術全集・郭雪湖》，（臺北：藝術家出版公司，1993），頁20。

以寫生取代臨摹，乃是許多台籍畫家創作的重要信念。同樣是台展三少年的林玉山，光復後，也曾擔任省展的審查員，他曾回憶自己與「渡海來台」的大陸畫家，差異甚大的繪畫理念。他說：

> 本人曾提議省展章程，宜規定參加作品應以作者本人之「創作」為限。此意是排除抄襲之弊。因該屆（第六屆）有幾幀臨摹之出品畫，難免提出此議論。可是評審委員馬壽華、溥心畬兩位見解不同，主張臨摹的作品也可以入選。[53]

左圖
王展如
耕者有其田　1955

53　台灣省政府策劃編輯，《全省美展四十年回顧展專集》，（南投：中興新村省政府出版，1985），頁6。

儘管，馬壽華主張臨摹之作也可入選，但他並非反對描寫台灣的風光，如1975年，他曾以陽明山的春景入畫，而畫了《春滿陽明圖》一作。其上題著：「春滿陽明。陽明山幽勝處多在後山，茲寫其一角，不啻仙境也，中華民國六十四年夏仲。木軒馬壽華識，時年八十有三。」若將此作與郭雪湖《圓山附近》一作比較，則可清楚地看出，大陸畫家與台籍東洋畫家，對於台灣實景的不同見解。《春滿陽明圖》中，陽明山的形象，可說是承襲自中國傳統的山水圖像，即使是前景松樹的描繪方式，也來自古畫之中。中景沿山脊而立的桃紅花木，透露了此作的時間氛圍，及畫家意欲表現春滿陽明的關鍵所在。然而，事實上，畫家此作的用意，並非想忠實地呈現陽明山的實景，從題記所透露的線索得知，將陽明山描繪為台灣的「仙境」，才是畫家此作的目的。此種「仙境」的概念，適切地反映出，傳統的中國山水畫，並非如同西方的風景畫，以描繪眼睛所見的客觀自然世界為目的。中國的山水畫，之所以稱之為「山水」而非「風景」，乃在於其表現的內涵，是以畫家出入傳統，醞釀而成的主觀心境之表現。而這也可以說明，何以渡海來台的大陸畫家，主張臨摹之作仍可入選的原因。

　　七友畫會中的張穀年，在其歷屆省展的參展作品中，也可見到汲取自中國傳統山水的筆法，所表現的台灣風光之作。如第十四屆的《橫貫公路即景》，第十五屆的《八七水災重建圖》，第十七屆的《南方澳日出》等作。值得注意的是，張穀年《八七水災圖》乃是藉由描繪水災的景象，傳達出對台灣土地的關懷之情。

　　如上文，這些大陸來台畫家的作品，雖不乏臨摹傳統之作，然在台遊覽的紀遊之作亦為數頗為可觀。這些作品，也經常出現在《暢流》半月刊的封面上。《暢流》發行人吳裕民曾經提到此刊的方向，乃是希望將其當作一個據點，多方輻射，以形成一個文化中心。而該刊也將當時文化的政策，如「文化出口」及「國際宣傳」當成未來努力的目標。[54]然而不到數年的光景，吳裕民又語重心長地道出，由於缺乏海外的基層組織及中介者，《暢流》海外發行的理想，也只好走一

54　吳裕民，〈本刊努力的方向〉，《暢流》，第十二卷第十期，1956年，頁5。

上圖
呂佛庭
橫貫公路圖卷
局部 1969

右頁下圖
張大千
橫貫公路通屏

步算一步罷了。[55]若與前文已提及的《中華畫報》相較,《暢流》缺乏英文的編譯,的確不利於國際宣傳。再者,除了封面及少數穿插於文章中的小幅國畫作品之外,該刊主要還是以文章為主。因此,由於語言文字的侷限,其觀眾則僅能是,可以閱讀漢文的台灣民眾及大陸來台人士。

即使《暢流》的文化出口及國際宣傳的效果,遠不如《中華畫報》。但是,其透過傳統的國畫,歌頌當時的重要政策,亦反映了執政當局對待文化的態度。而其封面所刊登的傳統山水畫作,不僅描繪故國的大陸山水,它同時也以台灣風光,呼應國民黨政府的政治語境。例如,第十一卷第六期《暢流》的封面,即刊載一幅王展如《耕者有其田》的畫作。該作為傳統的水墨畫,畫家以近三分之一的畫面,描繪出劃分規整的農田,一名農夫辛勤地架著一頭牛正在犁田,畫面的另一側則繪著兩幢舒適的房舍,一條連接農地與屋舍的木橋,暗示了此屋舍乃農夫的居所,畫家透過繪畫的圖像,傳達出「耕者有其田」的政策,使得台灣的農民得以安居樂業。

此外,《暢流》也為我們提供若干台灣風光的形塑,及畫家創作紀遊山水的線索。詹言在〈海嵐‧湖光‧山色〉一文中提到:

台灣鐵路有兩段是沿海敷設的,一段在幹線,一段在宜蘭線。宜

---

55 吳裕民,〈暢流述趣〉,《暢流》,第十六卷第十期,頁9。

　　蘭線一段在大里礁溪之間，沿著太平洋蜿蜒前進，從車窗外望去，碧波無垠，水天相接，漁帆片片，海鷗點點。每當晨曦微露，或值暮靄蒼茫，天際浮著一層若隱若現的薄霧，從霧裡看浩瀚雄姿，看龜山巨影，看朝暉燦爛，看夕照煙霞，風景是那麼美麗，神奇，宏偉，譎變。[56]

56　詹言，〈海嵐・湖光・山色〉，《暢流》，第三卷第六期，頁8。

此文作者以海嵐、湖光、山色，所形容台灣的美景，的確十分貼切。而其中值得注意的是，其所見的台灣風光，可說是從火車上所見到的。另外，我們也發現，每一期《暢流》的封底，幾乎皆附有最新的火車時刻，偶而也可見到鐵路旅行的廣告。再者，該刊也常登出鐵道維修，及車廂設備的照片，希望以安全舒適為訴求，吸引旅客。一張以台灣鐵路東西幹線為主，所設計的名勝景點之宣傳，更清楚地將交通與風景緊緊相繫。除了鐵路之外，公路的建設，也開拓了畫家遊覽台灣的新視野。呂佛庭曾在〈橫貫公路來去〉一文，如此寫道：

> 我對於遊山玩水，最有興趣，也最有勇氣。到台灣十多年來，全
> 省重要的名勝，幾乎都有我的足跡，當橫貫公路初動工開闢的時
> 候，我曾和李霖燦兄相約，等東西兩段通車，我們一定要坐第一
> 班車，飽覽中央山脈的風光。[57]

呂佛庭曾花了三年十個月的時間，而於1969年完成《橫貫公路圖卷》大作，七友中的劉延濤，並為此畫作跋，其云：「佛庭之畫，如古之高人，從容中道，忘懷物我，覽之使人俗念盡息。往歲所繪長城長江兩鉅製，震驚藝林。近復以橫貫公路圖見示，行雲流水，略無凝滯，其精進如此，乃知學之不可倖致也。」[58]劉氏自己也曾在1960年畫過《橫貫公路圖軸》，其題記為：「百戰歸來意尚雄，隧山棧壑奪神工。我今也欲發天問，大道何時到大同。四十九年冬月延濤。」呂、劉兩氏，在描繪橫貫公路時，皆提到了其建設工程的艱鉅，[59]然而，不論是畫卷的形式，及空間的佈排，呂氏的作品，透露了更多傳統的面貌，相較之下，劉氏及另一位七友畫家張穀年，其同名的畫作，則可視為遊覽印象的即興之作。另外，張大千也畫過《橫貫公路通屏》[60]。由此可知，運用傳統的筆墨，狀寫台灣的風光，可視為當時渡海來台畫家創作的共通之處。

---

57 呂佛庭，〈橫貫公路來去〉，《暢流》，第十八卷第十二期，頁24。

58 呂佛庭，〈劉延濤跋橫貫公路圖卷〉，《憶夢錄》，（臺北：東大圖書公司，1996），頁572。

59 呂佛庭，〈開始畫橫貫公路長卷〉，前引書，頁566。

60 傅申，《張大千的世界》，（臺北：羲之堂出版，1998），頁83。

天祥澗中急水盤渦錦石
絢麗麗冊第十一

江兆申　花蓮紀遊冊之一　1968

四、小結

　　透過對於1960年代文化語境的觀察，我們得以從政治當權者的更迭與文化政策的改變，思考美術與傳統，對於二十世紀台灣歷史發展，所產生的重要影響。

　　此外，1965年在台北外雙溪所成立的國立故宮博物院，對於「文化中國語境」的建構，亦起了關鍵的作用。長年任職於故宮且被視為是「文人畫最後一筆」的江兆申，其畫作如《花蓮紀遊》、《八通關》等，皆可看到轉換自傳統的筆墨與融合台灣實景的創意表現。[61]另外，江兆申赴美訪問時所作的《舊居圖》及《定光菴圖》等作，也與時局的變化有關。其中，《舊居圖》一作，雖言是為了妻子而畫，然而，由於當時台灣與大陸兩岸分隔的時局，江兆申雖思念老家，亦不得回去，故只能憑著畫卷思之念之。因此，此作一方面是為未曾造訪該處的妻子所繪，另一方面也是為了寄託自己無法返回故居的思念之情。

　　其實無法返家的心境並非只有江兆申一人，與他同時來台的妻子，何嘗不也是如此？於是江兆申隨即也為妻子畫下她在大陸的故居《定光菴圖》。在這兩張作品中，我們可以感受到江兆申對故居的景物是如此地熟悉，及充滿於其中的愉悅記憶。此種抒發情感「以心寫之」的實景畫作，有別於「以眼寫之」的風景畫。例如，《定光菴圖》中，江兆申與妻舅經常暢飲的前庭，畫家不僅清楚呈現此地的場景，更特別以書法紀錄之。該畫中另一個清楚呈現的地方，即是江兆申時常造訪的定光菴。江兆申所繪此處的屋宇廊間，頗令人有身歷其境之感，而也如題記所言：「入門樓宇數間，布置精雅，余常起坐其間。」此外，江兆申未嘗流連的六通禪院，畫中僅以草草數筆的飛簷帶過，而另一處妻子夏日常去汲水的窟泉，也因自己不曾去過而省略不畫。

　　總之，當時渡海來台的大陸畫家，或透過詩文以明其心志，或經由繪畫傳達心意。其實，都反映了一個時代的離散之人的共同心聲。

61　陳葆真，《中國巨匠美術週刊——江兆申》（臺北：錦繡出版社，1996），頁3。

江兆申　定光菴圖　1970

然而，更值得我們注意的是，在這個集體「不遇」的時代，（因大陸失守而來台）畫家們對於「傳統」的記憶、理解與運用，或許正是他們賴以生存下來的動力。而個人的生命是如此，國家的生命亦然。冷戰時期的台灣，國民黨政府運用「傳統」在政治上以鞏固其「正統」的統治地位，正是利用文化藝術來作為其「正當性」統治的源頭活水之一。然而，隨著1970年代台灣退出聯合國，蔣介石的過世等重大事件之更迭，「文化中國」的凝聚力道也日漸勢微，終於消融於另一波追求台灣主體性的新力量中。

力與美：從「西方」到「東方」— 以二十世紀台灣地區雕塑發展為例

一、前言

　　二十世紀，是個人類精神文明進入第二次普羅米修士時代的世紀。另一波的啟蒙契機，正等待著新一代的文化心靈突破。而台灣美術也在此一時代的突破與挫折中，進入現代化的關鍵時刻。若從雕塑的視角，檢視台灣美術在二十世紀的發展，我們可以將之區分為兩個部分。第一個部分，即是二十世紀前半葉，此時期台灣雕塑的發展，可說是透過日本輾轉學習西方的現代思潮。第二個部分，即是二十世紀中葉以後，台灣的藝術家，開始從中國文化中汲取養分，以豐富藝術創作的內涵。

　　為了能更進一步理解，此種由「西方」向「東方」轉變的發展軌跡，本文擬從四位台灣藝術家的作品中，尋找解答。首先討論的兩位雕塑家陳夏雨及蒲添生，由於他們皆先後赴日並且受教於日籍雕塑家的門下，其作品更曾獲得當時日本官展的肯定。因此，透過對他們作品的討論，將使得我們較易掌握台灣藝術家如何透過「日本」理解「西方」元素，進而對台灣藝術史的發展產生影響。再者，陳庭詩及楊英風兩位，則為我們展開了另一種不同於西方的「東方」視野。由於他們兩位的生活經驗，涵蓋了海峽兩岸。因此，使得他們日後的藝術創作，常見「東方哲思」蘊含其中。透過對他們作品的剖析，將

使得我們感受到藝術家在經歷無數的創作試驗之後，所凝聚的終極關
懷。

二、婉約與天然：陳夏雨裸婦系列

右圖
陳夏雨（1917-2000）

　　二十世紀前半葉，台灣
的雕塑家透過日本，向西方學
習。其中，人體雕塑即是一個
直接的學習對象。關於此點，
久米桂一郎曾提及人體乃是天
然造化的凝集，因此，「人體
研究」便成為修習繪畫與雕塑
的基礎。[62]因為久米桂一郎認為，唯有熟悉「人體」的表現，才能瞭解
宇宙萬象的規矩所在。[63]不同於東方對於「人體」的認識，西方藝術
史中的「人體」，乃是作為一切寫生及寫實表現的基礎。陳夏雨及蒲
添生即是透過此管道，接觸了西方藝術的寫實精神。陳夏雨（1917—
2000），年少時曾利用相機，拍下其大舅正、背、左、右四張照片，再
根據這些照片，無師自通地完成一座人物胸像。稍長赴日後，曾進入
水穀鐵門及藤井浩佑門下，正式學習雕塑。其中，又以裸女為主題且
作品尺寸不大的藤井浩佑，對於陳夏雨日後的創作，產生了相當的影
響。藤井浩佑對於作品神態及內涵的強調，也在陳夏雨日後的創作自
述中經常提及。[64]

　　在當時擔任新文展（原「帝展」）審查員的老師藤井浩佑的鼓勵
下，陳夏雨一連三年，分別以《裸婦》（1938）、《髮》（1939）及
《浴後》（1940）等作入選。這幾件作品中，皆反映了某種女性婉約的
特質。陳夏雨以含蓄的肢體語言，表達出模特兒若有所思的神韻。另

62　邱琳婷，《1927年「臺展」研究—以台灣日日新報前後資料為主》（臺北：臺北藝術大學美術史研究所碩士論文，
　　1997），頁73。

63　久米桂一郎，〈裸體は美術の基礎〉，《國民新聞》（1985）。

64　王秋香，〈藝術的苦行僧——陳夏雨〉，《雄獅美術》103期，1979年9月，頁16—17。

外，由於陳夏雨作品的尺寸較小，因此，觀者得以用一種近距離全觀的方式欣賞。1947年的《洗髮》（18.5×20×20.3cm）一作，則讓觀者得以從前、後、左、右等不同的角度，細細觀察藝術家對於人物形象的刻畫。

1980年的《坐婦》（20×17×16.8cm），是陳夏雨以結縭近四十年的妻子，為模特兒的作品，此作是借住友人日本寓所時完成的。有關此作的創作情景，藝術家的女兒回憶地說：「那作品爸爸是將它捧在手上做的。當時媽媽都六十歲了，就直接坐在地上好久，擺出那個姿勢，長時間不動⋯那是很痛苦的，平時，模特兒都是坐在坐臺上。所以，這件作品完成後，爸爸總覺得哪裡有問題，角度不太對⋯」[65]此作反映出陳夏雨寫實的創作態度，若將此作與1947年《洗髮》相較，可以看到在《洗髮》一作中，肢體的輪廓及肌肉的結構，清晰可辨。而在《坐婦》一作中，人體的線條已由分明轉向圓融。人物的形象，也似一座小型的紀念碑般，靜靜地沉穩地置放著。陳夏雨的裸女雕塑，即是在此種寧靜且含蓄的表現中，呈現出一股天然又婉約的氣質。

三、開展下的生命：蒲添生運動系列

蒲添生（1912—1996），曾入朝倉文夫門下學習雕塑。他曾提到朝倉文夫教導學生雕塑時，不可以對著模特兒一邊觀察一邊形塑。而且，朝倉文夫為了訓練學生的記憶力，他要求學生必須背對著模特兒，進行創作。源自於如此的學習經驗，蒲添生對於人體的結構也有

65　廖雪芳，《完美・心象・陳夏雨》（臺北：雄獅美術出版，2002），頁88。

上左圖
蒲添生工作室
《蒲添生雕塑八十回
顧展》
上右圖
蒲添生（1912-1996）
與運動系列
（蒲浩明提供）

著他個人的特定主張及要求。那即是將人體從頭到腳分為四等分，腳到膝蓋的距離則為全身比例的四分之一。[66]因此，當他創作《運動系列》時，即使人物的身體姿態變化莫測，他仍然把握此原則為之。

蒲添生曾自述《運動系列》的創作經過：「《運動系列》做得比較靈活，因為體操的動作是瞬間的，要有把握，有功力才能表現出來。如果沒有忠實寫生的基礎，就無法做出來。我做這些都是二十幾分鐘內即興完成的。」[67]

1937年的《裸婦》與1958年的《春之光》兩作，可視為掌握蒲添生《運動系列》的重要參考作。尤其是《春之光》一作，乃是其師朝倉文夫在1957年擔任亞運美術委員會部長時，為他物色模特兒並贊助半年生活費所完成的，此作也入選了第一屆的「日展」。[68]《春之光》一作中，模特兒的站姿不僅十分講究，就連他垂放於前的右手姿態，也刻意表現出一股扭轉的動勢。此種對於肢體動態的興趣，在其《運動系列》之中，得到充分地發揮。

1988年到1989年之間，蒲添生參考了電視翻拍的照片及相關的報導圖片，完成了一系列以漢城奧運選手為模特兒的人體雕塑，名之為《運動系列》。其實，蒲添生早年也曾為了製作騎馬像，而至馬場觀

66　蒲浩明，〈電話訪問稿〉，2008年6月11日。

67　鄭惠美，〈攀越生命的高峰─追求人體的真與美的雕塑家蒲添生〉，《現代美術》（臺北：臺北市立美術館），1993年10月，頁85。

68　蒲添生文稿（二）：自述。

察並拍了兩百多張照片參考。有了參考照之後，蒲添生先以鐵絲勾勒出人物運動時的姿態，作為內部的骨架，接著再依其動作的表現，捏出骨骼與肌肉。[69]從《運動系列》對於肢體動作的表現可知，蒲添生對於美的詮釋，即是指運動員肢體開展時所呈現出的生命力。

四、再現中的現代：陳庭詩現成物系列

有別於前述兩位雕塑家，陳庭詩則從東方的哲思中，擷取更多的養分，從而構成其創作的源頭活水。陳庭詩（1915—2001），早年因意外失聰，曾從其父的友人張菱坡學習傳統的水墨畫，因而奠定他對於傳統書畫、金石及文學的興趣。中日戰爭時，以「耳氏」之名，創作了許多宣揚抗日的木刻版畫。來台後，逐漸脫離了寫實的木刻創作，開始接觸西方的美術思潮及創作表現。進而走向一條與大陸木刻創作者，不同的道路。[70]此種由於空間的置換，進而對日後藝術的創作所產生的關鍵性影響，尚可在其他二十世紀中葉以後，來台的藝術家作品中見到端倪。此現象，也使得我們可以從文化衝擊的角度，思索中國文化在二十世紀，所展現的內涵及包容性。

陳庭詩來台後，創作的面向除了版畫之外，尚有漫畫、水墨畫、彩墨畫、油畫及鐵雕等。其中，鐵雕的數量相當可觀，然而卻較少被討論。本文即試圖從他這類作品的表現中，探討他從「西方」走向「東方」的過程中，中國哲思在其作品中，所扮演的重要角色。

1980年代，陳庭詩利用了取自高雄拆船廠的廢鐵，創作了一系列頗

---

69 蒲宜君，《蒲添生運動系列人體雕塑研究（1988—1989）》（台北市立師範學院碩士論文，2005），頁83。

70 李鑄晉，〈陳庭詩的藝術〉，《天問──陳庭詩藝術創作紀念展》（高雄：高雄美術館，2005），頁16。

具哲思的鐵雕作品。一般多認為，陳庭詩此類的創作受到西方以現成物創作的藝術家影響。然而，筆者以為，此類的作品在藝術史上的重要性，當是其所反映出的「回歸東方」之訴求。例如，1983年《涅盤》一作，即是陳庭詩結合了砧板及釘子的創作。使用過的砧板，象徵著無數曾在此經過的俎上肉；而九顆生繡的鋼釘，象徵著由銳利的鋼刀轉變為鈍化的戒疤。如此的形象組合，乃是陳庭詩希望透過舊廢現成物「時間」流逝的痕跡，傳達出停息世間無明的煩惱，進而不再受生死輪廻的霎那永恆。

　　《天問》及《大律希音》兩作，反映出失聰且失語的陳庭詩對於自我際遇的省思。《天問》，原為楚國詩人屈原的作品。在文學作品中，相傳屈原通過對「天」的172個提問，某種程度地表現出「憂心愁悴」的意態。基本上，不管《天問》是否為屈原一人所作，從詩歌的強烈質疑方式，我們卻可以說，這是一個易感的藝術心靈在挫折百轉中，向「天」所提出的「質問」。而陳庭詩身體的缺陷，不僅未對藝術家造成限制，在藝術創作的過程之中，反而成為藝術家的源頭活水。《天問》，或許即是陳庭詩表現其與屈原生命同調的一種方式。1996年的《大律希音》，即是陳庭詩因自身的缺陷，而在《老子》的「大音希聲」中，找到安頓。「大音希聲」，意味著無聲乃是音樂中最高的境界。另一方面，陳庭詩《大律希音》一作，在內容上，假借了《老子》第四十一章的「大音希聲」的意涵，而選擇廢棄物作為媒材，也反映出《老子》「無用之用，是為大用」的哲思。

五、回歸與和諧：楊英風東方圖騰系列

楊英風（1926—1997），不僅留下橫跨版畫、雕塑、雷射、景觀等，耐人尋思的作品，他更是少數留下完整創作記錄的藝術家。回顧楊英風的成長空間，涵蓋了臺灣、中國與日本等地。小時候住在台灣宜蘭的楊英風，常常只能望著月亮，思念著身在中國的母親。在一篇自述創作思維的文章中，楊英風將優雅的「鳳凰」比擬為月亮中母親的身影。這篇發表於藝術家生命中最後一個母親節的文章，亦自剖了他一生創作觀的精髓。他寫道：「人，不僅只是靠著自己的努力，同時還在不知不覺中由某些人引領，才能不迷失方向往前走。而牽引我的，不是別的，就是母親的這種『大愛』。對我而言，心中永遠的形象—月中的母親身影，就是牽引我也可說是『大愛』的『宇宙的真理、天命、調和』的那雙手。」[71]

除了從親身的經歷及記憶，使用具有象徵意義的東方圖騰外，

《太魯閣系列》也可看到楊英風如何汲取自然山水的肌理，作為不同意念的運用。[72]1969年的《水袖》，延用了太魯閣險峻的肌理，再以翻折的形象，詮釋出人文戲劇表現中的視覺語彙。此種自然與人文的融合，可視為楊英風作品的一大特色。

1973年的《東西門》，簡單的幾何造形，卻演譯著虛與實、有與無的豐富辯證。透過「門」的概念，楊英風不僅溝通了東方的思維與西方實存空間的世界，他更進一步透過藝術語彙，傳達出「和諧」也可以存在於現代化的東西文化之間。[73]

左圖
楊英風（1929-1997）

71　楊英風，〈大乘景觀〉，1997年。收錄於國立交通大學楊英風藝術研究中心，財團法人楊英風藝術教育基金會主編，《楊英風全集》（台北：藝術家出版社，2005—）。

72　蕭瓊瑞，《景觀‧自在‧楊英風》（臺北：雄獅出版社，2004），頁118。

73　邱琳婷，〈一個面向現代化的心靈—以楊英風作品為研究起點〉，《人文、藝術與科技—楊英風國際學術研討會會議手冊暨論文集》（交通大學，楊英風藝術教育基金會，2000），頁192。

　　1997年的《協力擎天》，是楊英風最後一件大型且具代表性的景觀之作。此作以「歷史省思」、「土地認同」、「族群和諧」、「人民參與」及「更新再造」等原則，作為整體設計的訴求。[74]藝術家選擇宜蘭特有的霧檜，可說是在孕育其成長的臺灣空間中，揮灑出對中國宇宙觀的體悟。霧檜持久不散的香氣，使得此作結合了視覺與嗅覺等感官的審美經驗。楊英風此作，不僅在形象的語彙中，再次展現出藝術家深具東方人文精神的氣度。對於置身其中的觀者而言，此種與展出物相遇的經驗，也已經超脫了純粹形象的審美範疇，進而成為一種形而上的價值召喚。

六、小結

　　歷史的軌跡雖是前行的，但卻經常在不經意間回轉至另一個方向。透過二十世紀，我們發現台灣雕塑由「西方」到「東方」的演變可知，在歷史文化發展的過程中，許多的動力因在不同的階段，以各種不同的方式，形構了時代的藝術心靈，進而豐富了多元的可能。所以或可如是說，近代以來的台灣雕塑創作，借著容納百川的方式，使得原有的文化，因包容而更加豐厚，從而對歷史展開其意料之外的發展。

74　《楊英風全集》，頁100。

參考資料

第一部份‧「圖象台灣」

- 月出皓，《台灣館》，臺北：第五回內國勸業博覽會臺灣協贊會，1903年。
- 第一至十屆《台灣美術展覽會圖錄》
- 第一至六屆《總督府美術展覽會圖錄》
- 王行恭，《台灣畫家臺展府展東洋畫圖錄》，1992年。
- 江樹生譯註，《熱蘭遮城日誌》，臺南：臺南市政府，2000年。
- 杜正勝編撰，《景印解說番社采風圖》臺北：中央研究院歷史語言研究所，1998年。
- 志賀重昂，《日本風景論》，東京：文武堂，1992年。
- 和辻哲郎，《風土》，東京：岩波書店，1962年。
- 金關丈夫，《民俗台灣》，臺北：武陵，1990-1991年。
- 呂紹理，《展示台灣》，臺北：麥田出版，2005年。
- 鹿野忠雄，《東南亞細亞民族學先史學研究》，東京：矢島書房，1946年。
- 宋文薰，〈論台灣及環中國南海史前時代的玦形飾〉，《中央研究院第二屆國際漢學會議論文集》，歷史與考古組，上冊，台北：中央研究院，1989年。
- 游永福，《甲仙文史記事》，台北：詩藝文出版社，2006年
- 宋南萱，《〈台灣八景〉從清代到日據時期的轉變》，中壢：中央大學藝術學研究所碩士論文，2000年。
- 林保堯，《百年台灣美術圖象》，臺北：藝術家出版，2001年。
- 林錫慶，《東寧墨蹟》，臺北：東寧墨蹟編纂會，1933年。
- 周婉窈〈陳第〈東番記〉─十七世紀初台灣西南地區的實地調查報告〉，《故宮文物月刊》2003.4
- 邱琳婷，《1927年「臺展」研究─以《台灣日日新報》前後資料為主》，臺北：國立臺北大學美術史研究所碩士論文，1998年。
- 邱函妮，《街道上的寫生者：日治時期的臺北圖像與城市空間》，國立臺灣大學藝術史研究所碩士論文，2000年。
- 椹野八束，〈日本の1930年代─都市〉，《美術のゆくえ、美術史の現在》，北澤憲昭等編，日本：平凡社，1999年。

- 程佳惠，《臺灣史上第一大博覽會：1935年魅力臺灣SHOW》，臺北：遠流出版，2004年。
- 張穀年，《中國山水畫法圖解》，臺北：正中書局，1985年。
- 黃士強，《臺北芝山巖遺壇發掘報告》，臺北：臺北市文獻會，1984年。
- 臧振華, 葉美珍主編，《館藏卑南遺址玉器圖錄》，臺東市： 國立台灣史前文化博物館，2005年。
- 郁永河著; 楊龢之譯注，《遇見300年前的臺灣： 裨海紀遊》，臺北： 圓神出版社， 2004年）。
- 曹永和，《台灣早期歷史研究》，臺北：聯經出版社，1979年。
- 《福爾摩沙： 十七世紀的臺灣.荷蘭與東亞》，臺北：國立故宮博物院，2003年。
- 錢單士厘，《癸卯旅行記》，長沙市： 湖南人民， 1981年。
- 陳譽仁，《生活與創作： 台灣美術展覽會的靜物畫與現代生活的成立》，國立台灣大學藝術史研究所碩士論文，2004年。
- 賴明珠，〈女性藝術家的角色定位與社會限制－談三、四○年代之創作為例〉，《藝術家》233期，1994.10。
- 《新竹市志》，新竹：新竹市政府，1997年。
- 《始政四十周年紀念台灣博覽會》，臺北：始政四十周年紀念台灣博覽會，1939年
- 黃瀛豹編，《現代台灣書畫大觀》，新竹郡：現代台灣書畫大觀刊行會，1930年。
- 謝里法，《日據時代台灣美術運動史》，臺北：藝術家出版，1998年。
- 傅 申，《張大千的世界》，臺北：羲之堂文化，1998年。
- 顏娟英，《台灣近代美術大事年表》，臺北：雄獅美術，1998年。
- 顏娟英，《風景心境》，臺北：雄獅美術，2001年。
- 蕭瓊瑞，《五月與東方： 中國美術現代化運動在戰後台灣之發展（1945-1970）》，臺北：東大圖書，1991年。
- 《台灣早期書畫專輯》，國史館台灣文獻館，2003年。

參考書目

第二部份・「多元文化視野的融合」

一、近人論著　中日文部分

- 久米桂一郎，〈裸體は美術の基礎〉，《國民新聞》，1985年。
- 王汎森，《中國近代思想與學術系譜》，臺北：聯經出版，2003年。
- 王國璠，《台灣關係一百翰林書畫集》，臺中：台灣省立臺中圖書館，1976年。
- 王耀庭，〈原鄉的風格・戀鄉的題材–近百年中原水墨畫與台灣之關係〉，《新方向、新精神–新世紀台灣水墨畫發展學術研討會論文集：兼論傅狷夫先生書畫傑出成就》，臺北國立歷史博物館，1999年。
- 王秋香，〈藝術的苦行僧——陳夏雨〉，《雄獅美術》103期，1979.9。
- 中村幸彥，《文人意識の成立》，東京：岩波書店，1959年。
- 方聞，〈中國藝術何以是歷史〉，《當代》，191期、192期。
- 山梨絵美子、塩谷純，〈1870年代-1900年代美術制度の確立と表現の多樣化〉，《日本近現代美術史事典》，東京：東京書籍株式　社，2007年。
- 北澤憲昭，《境界の美術史》，東京：株式　社星雲社，2000年。
- 古原宏伸，〈近八十年來的中國繪畫史研究的回顧〉，《民國以來國史研究的回顧與展望論文集》，臺北：台灣大學，1992年。
- 古田亮，〈文人畫評價の變遷〉，《日本近現代美術史事典》，東京：東京書籍株式会社，2007年。
- 吉澤忠，〈文人畫、南宗畫と日本南畫〉，《南畫と寫生畫》，東京：小學館，1989年。
- 《日本と文人畫》，東京：東京國立博物館，1975年。
- 《丹青憶舊》，臺北：國立歷史博物館，2003年。
- 河野元昭，〈日本文人畫試論〉，《文人畫と南畫》《國華》第1207期。
- 余英時，《知識人與中國文化的價值》，臺北：時報出版，2007年。
- 李歐梵，〈印刷文化與現代性建構〉，《上海摩登——一種新都市文化在中國》，北京大學出版社，2001年。

- 李鑄晉，〈陳庭詩的藝術〉，《天問──陳庭詩藝術創作紀念展》，高雄：高雄美術館，2005年。
- 林柏亭，〈典雅與鄉土兼融-郭雪湖的膠彩世界〉，《台灣美術全集•郭雪湖》，臺北：藝術家出版，1993年。
- 林永發，《七友畫會及其藝術之研究》，臺北：國立歷史博物館，1997年。
- 吳裕民，〈本刊努力的方向〉，《暢流》，第十二卷第十期。
- 吳裕民，〈暢流述趣〉，《暢流》，第十六卷第十期。
- 呂佛庭，〈橫貫公路來去〉，《暢流》，第十八卷第十二期。
- 呂佛庭，《憶夢錄》，臺北東大圖書公司，1996年。
- 邱琳婷，《1927年「臺展」研究─以台灣日日新報前後資料為主》，臺北：臺北藝術大學美術史研究所碩士論文，1998年。
- 邱琳婷，〈一個面向現代化的心靈─以楊英風作品為研究起點〉，《人文、藝術與科技─楊英風國際學術研討會會議手冊暨論文集》，交通大學，楊英風藝術教育基金會，2000年。
- 徐悲鴻，〈中國畫改良論〉，《繪學雜誌》，第一期，1920年。
- 俞劍華，《中國繪畫史》，上海：商務印書館，1937年。
- 陳振濂，《維新：近代日本藝術觀念的變遷─近代中日藝術史實比較研究》，浙江：浙江古籍出版社，2006年。
- 梅澤精一，《日本南畫史》，東京：東方書院，再版，1929年。
- 莊素娥，〈揚州八怪對台灣水墨畫的影響〉，《藝術學》24期，2008.1。
- 晉介辰，〈費諾羅沙與岡倉天心─開啟近代日本「中國繪畫史」研究的先驅〉，《故宮文物月刊》（臺北：國立故宮博物院）263期，2005.2。
- 馬國亮，《良友憶舊：一家畫報與一個時代》，臺北：正中書局，2002年。
- 張相，〈美術節與國畫〉，《中華畫報》，第47期，1957.3。
- 張彥遠，〈敘師資傳授南北時代〉，《歷代名畫記》，收錄於盧輔聖編，《中國書畫全書》，上海：上海書畫出版社，1992年。

- 張穀年，《中國山水畫法圖解》，臺北：正中書局，1985年。
- 浦崎永錫，《日本近代美術發達史（明治篇）》，東京：東京美術，1974年。
- 楊高美慶，〈文人畫—中日美術關係之探討〉，《日本文人畫》，香港：香港中文大學，1974年。
- 陳葆真，《中國巨匠美術週刊——江兆申》，臺北：錦繡出版社，1996年。
- 詹言，〈海嵐‧湖光‧山色〉，《暢流》，第三卷第六期。
- 傅申，《張大千的世界》，臺北：羲之堂出版，1998年。
- 廖雪芳，《完美‧心象‧陳夏雨》，臺北：雄獅美術出版，2002年。
- 鄭惠美，〈攀越生命的高峰—追求人體的真與美的雕塑家蒲添生〉，《現代美術》1993.10。
- 蒲添生文稿（二）：自述。
- 蒲宜君，《蒲添生運動系列人體雕塑研究（1988-1989）》，臺北市立師範學院碩士論文，2005年。
- 《楊英風全集》，臺北：藝術家出版社，2005-。
- 廖瑾瑗，〈臺展東洋部與「地方色彩」〉，《台灣美術百年回顧學術研討會論文集》，臺中：國立台灣美術館，2001年。
- 劉毅政編著，《宋美齡評傳》，北京：華文出版社，2000年。
- 霍布斯邦，《被發明的傳統》，臺北：貓頭鷹出版社，2002年。
- 國立故宮博物院編，《乾隆皇帝的文化大業》，臺北：國立故宮博物院，2002年
- 台灣省政府策劃編輯，《全省美展四十年回顧展專集》，南投中興新村省政府出版，1985年。
- 蕭瓊瑞，《景觀‧自在‧楊英風》，臺北：雄獅出版社，2004年。
- 《魏清德舊藏書畫》，臺北：國立歷史博物館，2007年。
- 瀧精一，《文人畫概論》，東京：改造社，1922年。
- 瀧悌三，《日本近代美術事件史》，大阪：東方出版社，1993年。

二、近人論著／英文部份

- Aida Yuen Wong , Parting the Mists : Discovering Japan and the Rise of National-Style Painting in Modern China , Honolulu : University of Hawaii Press , 2006.
- E.J.Hobsbawm,ed.,The Invention of Tradition , Cambridge University Press , 1983
- E. H. Gombrich , The Sense of Order , London : Phaidon Press , 1979.
- Jerome Silbergeld, "Chinese Painting Studies in the West: A State-of-the-Field Article" , The Journal of Asian Studies , vol.46,no.4（1987）
- Lothar Ledderose , Ten Thousand Things : Module and Mass Production in Chinese Art , New York : Princeton University , 2000
- Craig Clunas, Elegant Debts : The Social Art of Wen Zhengming, 1470-1559,Honolulu : University of Hawaii Press, 2004
- Clunas, Craig , Elegant Debts : The Social Art of Wen Zhengming , 1470-1559 ,Honolulu : University of Hawaii Press , 2004
- Susan Bush , The Chinese Literati on Painting-Su Shih（1037-1101）to Tung Ch'i-ch'ang （1555-1636）, Cambridge : Harvard University Press, 1971
- Sat Yasuhiro, "Classic and Colloquial Urban Views : Yosa Buson's Houses on a Snowy Night " , in The History of Painting in East Asia Essays on Scholarly Method ,Taipei : Rock Publishing International, 2008.
- Wen-chien Cheng, Tradition Transformed : Chang Ku-nien Master Painter of the 20th Century , University of Michigan Press , 2009.

國家圖書館出版品預行編目資料

圖象台灣：多元文化視野下的台灣
／邱琳婷著. --初版--
臺北市：藝術家，2011.03
160面；17×24公分.--

ISBN　978-986-282-006-3（平裝）

1.台灣史　2.台灣文化

733.21　　　　　　　　99024677

圖象台灣——多元文化視野下的台灣

邱琳婷／著

發 行 人　何政廣
主　　編　王庭玫
編　　輯　謝汝萱
美　　編　郭秀佩
出 版 者　藝術家出版社
　　　　　台北市重慶南路一段147號6樓
　　　　　TEL：(02) 2371-9692～3
　　　　　FAX：(02) 2331-7096
郵政劃撥　01044798 藝術家雜誌社帳戶

總 經 銷　時報文化出版企業股份有限公司
　　　　　新北市中和區連城路134巷16號
　　　　　TEL：(02) 2306-6842
南區代理　台南市西門路一段223巷10弄26號
　　　　　TEL：(06) 261-7268
　　　　　FAX：(06) 263-7698

製版印刷　欣佑印刷股份有限公司
初　　版　2011年3月
定　　價　新臺幣280元
I S B N　978-986-282-006-3